비참한
대학 생활

비참한
대학 생활

경제적·정치적·심리적·성적인 측면,
특히 지적인 측면에서의 사유와 치유 방법들

상황주의자 인터내셔널 & 스트라스부르대학교 총학생회 지음
민유기 옮김

책세상

일러두기

1. 이 책은 1966년 11월에 '상황주의자 인터내셔널'과 스트라스부르대학교 총학생회가 제작, 배포한 *De la misère en milieu étudiant considérée sous ses aspects économique, politique, psychologique, sexuel et notamment intellectuel et de quelques moyens pour y remédier*를 온전히 옮긴 것이다.

2. 초판이 출간되고 나서 몇 달 뒤인 1967년 봄에 상황주의자 인터내셔널이 저작권 공유를 명시하며 출간한 판본을 사용해 번역했고, 초판 발간 10주년인 1976년에 이 판본을 재출간한 샹리브르Champ Libre 출판사 판본도 참조했다.

3. 원문에서 이탤릭체로 표기된 부분은 강조를 의미하는 경우 작은따옴표로, 책이나 잡지를 의미하는 경우 겹격쇠로 옮겼다. 원문에서 « » 부호로 묶여 표기된 부분은 직접인용인 경우 큰따옴표로, 강조인 경우 작은따옴표로 옮겼다. 다른 색깔을 사용해 강조한 문장들은 옮긴이가 강조한 것이다.

4. 원문에는 1, 2, 3이라는 장별 일련번호가 없으나 편의상 부여했다.

5. modern은 문맥에 따라 '근대' 혹은 '현대'로 옮겼다. 즉 프랑스인들의 언어 용법이나 기존 번역 관행에 따라 제2차 세계대전 이후의 사회, 세계, 자본주의를 수식할 때는 '현대'로 옮겼고, 그 외에는 '근대'로 옮겼다.

6. 주에서 원주에 옮긴이주를 덧붙인 경우에는 / 부호와 (옮긴이)로 구분했다.

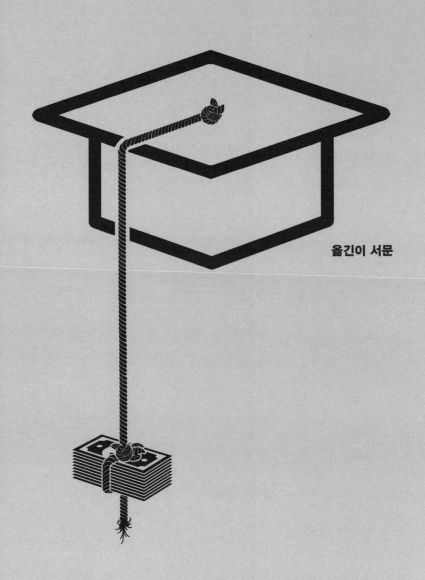

옮긴이 서문

대학이 위기다. 장기 불황과 심각한 청년 실업의 시대에 대학을 취업 준비 기관으로 인식하는 사회 분위기 속에서 진리 탐구라는 이상理想을 강조하는 것은 이상異常하고 고루한 소리쯤으로 여겨진다. 학문 단위나 교육 커리큘럼을 사회의 필요와 수요에 부응해 맞춤형으로 변경하라고, 아예 학문 체계를 바꾸라고 요구하며 대학의 자율성을 침해하는 정부와 기업들의 직간접 압박은 이제 조금도 낯설지 않다. 물론 대학이 현실 사회와 유리된 채 상아탑 내에서만 유통되는 진리와 지식에 매몰되어선 안 될 것이다. 하지만 대학의 고유하고 진정한 역할은 허겁지겁 현실을 추수하는 것이 아니라, 기업에 필요한 직무 연수나 실습을 사전에 익히는 것이 아니라, 본연의 학문 활동을 통해 현실을 분석하고 비판하며 미래 지향적 가치와 방향을 제시해 사회를 선도하는 것이다.

대학 구성원 모두가 안녕하지 못한 시대이다. 대학은 연구와 교육이라는 공적인 역할을 수행하기에, 국가와 사회의 다양한 지원을 필요로 한다. 그런데 주권자인 국민의 세금으로 조성된 공적 자금의 사용권을 부여받은 정치권력은 교육의 공공성을 확대할 장기적이며 일상적인 지원이 아니라 정해진 임기 내에 가시적인 결과물을 보여줄 수 있을 단기적이고 일회적인 전시성 지원에 몰두한다. 연구 기능을 강조하다가 갑자기 교육 기능을 강조하기도 하고, 철저한 학사관리를 요구하다가 갑자기 학사관리가 느슨해질 수밖에 없는 현장 실무교육을 요구하기도 하는 등 고등교육 관련 교육정책은 시시각각 변한다.

대학들이 재정 지원이라는 막강한 권한을 가진 권력과 교육 관료들의 눈치를 보며 발전 방향이나 미래상을 설정할 수밖에 없는 비참한 현실이다. 대학들은 늘 성급하고 졸속으로 추진되는 정부의 각종 대학 지원 국책사업의 실효성이나 타당성을 비판하기는커녕, 대학 구성원들의 합리적이고 민주적인 의사소통을 무시하면서까지 이들 사업을 수주하는 데 혈안이 되어 있다. 대학의 서열화를 부추기며 해마다 특정 기관들이 발표하는 순위 경쟁에 일희일비하는 대학들은 많은 시간을 필요로 하는 거시적이고 통찰력 있는 연구보다 단편적이고 지엽적이지만 빠른 시간에 성과를 쏟아낼 수 있는, 그리고 연구비를 제공하는 각종 공공기관이나 민간의 구미에 맞는 연구 활동을 강조한다. 대학들은 학문적 양심에 따라 자유로운 지식 생산 활동을 추구하는 연구자들에게 직간접적으로 압력을 가하는 규정들을 계속 강화해간다.

가장 안녕하지 못한 이들은 단연코 학생들이다. 다수의 대학이 법정 교수 충원 비율을 채우지 못하기에, 학생들은 값비싼 등록금을 내고도 전공수업이건 교양수업이건 대학 진학 이전의 어떤 교육기관에서도 체험하지 못한 대형 강의를 감수해야 한다. 등록금 못지않게 부담스러운 생활비 때문에 학업에만 열중하지 못하고 각종 아르바이트에 허덕이면서도 학점 관리와 외국어 공부는 필수다. 삶이 고달프고 힘겹다고 아우성인 학생들이 많지만 다른 편에는 과시적인 소비문화에 빠져 있는 학생들도 있다. 이들 모두에게 청춘의 막막함과 미래에 대한 두려움, 자신들이 맞부딪혀야 하는 비정규직 노동 같은 사회 모순과 불평등한 구조는 자조 어린 한탄이나 농담 거리일 뿐 본질적이고 총체적인 비판이나 저항의 대상이 되지 않는다.

대학의 위기와 대학 구성원들의 자괴감이나 불만은 풍요로운 사회였던 1960년대 미국과 서유럽에서도 일반적인 현상이었다. 제2차 세계대전 이후 경제와 사회 문제에 대한 국가 개입이 확대되는 가운데 고도성장을 구가해 가던 현대 자본주의는 실용적 지식을 강조하며 학문과 대학의 현대화를 요구했다. 이 같은 경제 논리가 대학가를 잠식하는 세태에 저항했던 젊은 청춘들은 보다 자율적이고 비판적이고 실험적인 대학을 만들자며 비판 대학, 자유 대학, 민중 대학 운동을 펼쳤다. 이들은 베트남전쟁 반대, 흑인 민권운동, 여성해방 운동 등을 적극 지지하고 연대했을 뿐만 아니라 대학의 진정한 개혁을 촉구하며 기존 질서에 광범위하게 저항했다.

1960년대 청년 저항의 상징은 68운동이었고 68운동의 상징은 프랑스였다. 1968년 3월부터 시작된 프랑스 학생들의 저항은 5월에 절정에 이르렀고 노동자들의 자발적인 연대 총파업까지 이어졌다. 비록 5월 말의 의회 해산으로 치러진 6월 총선에서 보수적이고 권위적이던 샤를 드골 대통령을 지지하는 세력이 승리를 거두면서 기존의 정치체제는 유지되었지만, 대학은 1968년 11월 제정된 고등교육기본법에 따라 대대적으로 개혁되었으며, 68년의 목소리인 대학의 자율성이 상당히 보장되었다.* 보다 중요한

---

* 민유기, 〈68년 5월 운동과 프랑스의 대학 개혁〉,《프랑스사 연구》29호(2013)를 참고하라. 1968년 11월의 대학 개혁으로 대학 운영에 대한 학생 참여와 대학

것은 68년 봄 대학과 거리에서 쏟아져 나온 새로운 사회에 대한 꿈과 희망과 열정이 화수분처럼 이후의 역사 발전에 많은 영향을 미치고 있다는 점이다.

　프랑스 68운동의 슬로건인 반권위주의, 반관료주의, 소외의 극복, 지겨움의 탈피, 놀이를 통한 억압적 사회질서의 전복, 자주관리, 노동자평의회 등은 많은 부분에서 상황주의자 인터내셔널Internationale Situationniste이라는 소규모 전위 집단이 제시했던 일상생활의 혁명 지침들과 일치한다. 1957년에 결성된 이 조직은 1966년 스트라스부스대학 총학생회 간부들과 함께 《비참한 대학 생활》이라는 소책자를 제작 배포하여 1960년대 대학 생활의 비참함과 그 원인, 당대 세계 곳곳에서 펼쳐지던 다양한 청년 저항운동의 성과와 한계를 분석하고, 새로운 일상생활의 혁명을 호소했다.

　이 책은 바로 이 소책자를 우리말로 옮긴 것이다. 소책자의 원 제목은 다음과 같다. *De la misère en milieu étudiant considérée sous ses aspects économique, politique, psychologique, sexuel et notamment intellectuel et de quelques*

의 자율성이 크게 신장되었다.

moyens pour y remédier. 그대로 옮기면 '경제적, 정치적, 심리적, 성적, 특히 지적인 측면에서 사유한 대학생들의 비참함과 이를 치유하기 위한 몇 가지 방법들'이지만, '비참한 대학 생활 : 경제적·정치적·심리적·성적인 측면, 특히 지적인 측면에서의 사유와 치유 방법들'로 옮기고 간략히 《비참한 대학 생활》로 제목을 정했다.

이 소책자는 지금까지 원본인 프랑스어 판본 외에 영어, 독일어, 스페인어, 이탈리아어, 포르투갈어, 네덜란드어, 그리스어, 러시아어, 스웨덴어, 중국어의 10개 언어로 공식 출판되었다. 비공식적으로 인쇄된 다양한 언어의 축약본이나 개작 번역본의 규모는 일일이 확인할 수가 없다. 세계 각국에서 출판된 번역본들에서 지은이는 대부분 '상황주의자 인터내셔널 회원들과 스트라스부르대학 학생들'이거나, '상황주의자 인터내셔널'로 표시되고 있다.

프랑스어 판본들 가운데 최초 판본 몇 달 뒤에 나온 1967년 봄 판본에서 상황주의자 인터내셔널은 소책자의 내용을 널리 알리기 위해 누구라도 출처의 언급 없이 내용을 복사, 복제, 재생산할 수 있다고 선언한다. 관련 판본들은 다음과 같다. 1966년 스트라스부르 대학에 뿌려진 최초의 판본(Strasbourg : AFGES, 1966), 상황주의자 인터내셔널이 인쇄한 판본(Paris : Internationale Situationniste, 1967), 벨기에 출간 판본(Bruxelles : J-C Klur., 1968~1969), 스위스 출간 판본(Genève : Zoé, 1975), 스위스 출간 판본의 재출간본(Genève : Zoé, 1976), 최초 판본 10주년 기념 프랑스 판본(Paris : Champ Libre, 1976), 최초 판본 30주년 기념 프랑스 판본(Paris : Mille et une nuits, 1996), 프랑스 지방 도시 출판사들 판본(Aix-en-Provence : Sulliver, 1995), (Grenoble : Zanzara Athée, 2000), (Arles : Sulliver, 2005).

영어 번역본은 1967년 런던에서 《대학에 충격을 준 10일 : 대학 생활의 빈곤》이라는 제호로 상황주의자 인터내셔널 런던 지부에 의해서 처음 출판되었다. 이후 현재까지 출간된 영어 판본들은 다음과 같다. *Ten Days that Shook the University : On the Poverty of Student Life*(London: Situationist International, 1967), *Ten Days That Shook the University : On the Poverty of Student Life*(Paris, London, New York : Situationist International, 1967), *On the Poverty of Student Life. A Consideration of its Economic, Political, Sexual, Psychological and Notably Intellectual Aspects and of a Few Ways to Cure It*(New York : Situationist International, April 1967),

Ten Days that Shook the University(Berkeley : Berkeley Barb,
1967~1968), *Once Upon a time the Universities Were Re-
spected / Of Student Poverty : Considered in Its Economic,
Political, Psychological, Sexual, and Particularly Intellectual
Aspects, and a Modest Proposal for Its Remedy*(New York : The
Eye-Makers, 1969), *On the Poverty of Student Life*(Berkeley :
Anti-Copyright [Council for the Eruption of the Marvelous],
1970), *On the Poverty of Student Life*(Berkeley : Contradic-
tion/ Bureau of Public Secrets, 1972), *On the Poverty of Student
Life*(Berkeley : Point Blank!, [70s]), *On the Poverty of Stu-
dent Life*(Madison:Aurora, [70s]), *On the Poverty of Student
Life*(Detroit : Black and Red, 1973), *Of Student Poverty*(London :
Spontaneous Combustion, 1977~78), *On the Poverty of Student
Life*(Brisbane : Brickburner Press, 1981), *On the Poverty of Stu-
dent Life*(Detroit : Black and Red, 2nd edition, 1983), *On the
Poverty of Student Life, Considered in Its Economic, Political,
Psychological, Sexual, and Particularly Intellectual Aspects,
and a Modest Proposal for Its Remedy*(London : Dark Star/
Rebel Press, 1985). *On the Poverty of Student Life*(Detroit :
Black and Red, 3rd edition, 2000), *On the Poverty of Student*

Life(Santa Cruz : Black Powder Press, 2000), *On the Poverty of Student Life, Considered in Its Economic, Political, Psychological, Sexual, and Particularly Intellectual Aspects, and a Modest Proposal for Its Remedy*(London : Active Distribution, 2008), *Of Student Poverty*(Paris : Bibliothèque Fantastique, 2010).

영어 이외의 언어 번역본은 다음과 같다.

에스파냐어 번역본들 *La Miséria en El Medio Estudiantil, Considerada Bajo Sus Aspectos Económico, Político, Psicológico, Sexual e Intelectual*(Barcelona : Icaria Editorial, 1977). *Sobre la Miséria en El Medio Estudiantil : Opusculo Situacionista*(Barcelone : Anagrama, 1977). *De la Miséria en El Medio Estudiantil*(Barcelona : El Viejo Topo, 2000, 2008).

포르투갈어 번역본들 *Da Miséria No Meio Estudantil Considerada Nos Seus Aspectos Económico, Político, Sexual & Especialmente Intelectual & de Alguns Meiios Para a Prevenir*(Coimbra : Fenda Edições, 1983).

이탈리아어 번역본들 *Della Miseria Nell'ambiente Studentesco*(Milan : Feltrinelli, 1967). *Sulla Miseria Dell'ambiente Studentesco*(Trento : Necronomicon, 1975). *Della Miseria*

Nell'ambiente Studentesco(Turin : Nautilus, 1988, 1995).

독일어 번역본들 *Das Elend der Studenten*(Berlin : Internationale Situationniste, 1968). *Das Elend der Studenten und der Beginn einer Epoche*(Dusseldorf : Projektgruppe Gegen gesellschaft, 1970). *Über das Elend im Studentenmilieu*(Hambourg : Nautilus, 1977). *Über das Elend im Studentenmilieu. Historisch-kritische Ausgabe*(Luzerne : Libertaire, 1994).

네덜란드어 번역본 *Over de ellende in het studentenmilieu*(Antwerp : Eigentidjs Archief, 1977).

스웨덴어 번역본 *Misären i Studentens Miljö : Betraktad ur sina ekonomiska, psykologiska, sexuella och framför allt intellektuella synvinklar samt om några medel att avhjälpa den*(Stockholm : Syndikalistiska Grupprörelsen, 1967).

러시아어 번역본 Нищета Студенческая жизнь (Moscou : Stepan Mikhaylenko, 2012).

그리스어 번역본 *Για την αθλιότητα των φοιτητικών κύκλων*(Athènes : Eleftheros Typos, 1992, 2004).

중국어 번역본 論大學生之貧乏(Hong-Kong: Champ Libre, 1972).

세 장으로 구성된《비참한 대학 생활》은 1장에서 1960년대 프랑스의 대학과 대학생들의 비참한 상황을 소개하며, 2장에서는 네덜란드, 미국, 영국, 소련, 동유럽, 일본 등 당대 세계 곳곳에서 펼쳐지던 청년 저항운동의 성과와 한계를 분석하고, 마지막 3장에서 기존 혁명운동 조직들의 한계를 극복할 새로운 일상생활 혁명의 지침들을 제시한다.

이 소책자는 68운동의 배경을 이해하게 해주는 1차 사료라는 의미와 가치가 있지만, 1960년대 프랑스 사회, 지성계, 학생운동 등과 관련된 미시적이고 구체적인 사실들을 많이 포함하고 있기에 쉽게 읽어가기 어려울 수도 있다. 독자들의 이해를 돕고자 필요한 부분에서는 옮긴이 주를 달아 배경과 시대적 맥락 등을 소개했고, 주요한 인물·잡지·조직에 대해서는 책의 말미 '인물·잡지·조직 설명'에서 자세히 소개했다. 또한 해제를 통해 이 소책자가 프랑스 68운동과 어떤 상관성이 있는지를 설명했다. 이 해제는《서양사론》129호(2016)에 실린 옮긴이의 연구 논문 〈프랑스 68운동의 전주곡 : 상황주의자 인터내셔널의 대학 생활 비판과 스트라스부르 스캔들〉을 수정하고 보완한 것이다. 본문을 읽고 해제를 통해 본문에서 다뤄진 내용들이 어떤 역사적 의미가 있는지 살펴보길 바란다. 아

예 해제를 먼저 읽어 역사적 맥락을 이해하고 난 후에 꼼
꼼하게 본문을 읽어가는 것도 괜찮은 독서 방법이 될 것
이다.

소책자가 프랑스 스트라스부르대학에 처음 뿌려진 것
은 지금부터 정확히 50년 전인 1966년 가을이다. 앞에서
소개했듯이 그날 이후 오늘날까지 프랑스는 물론이고 세
계 곳곳에서 이 책자는 무수히 많이 번역 출판되었다. 그
이유는 1960년대 비참한 대학 생활의 주요 원인으로 소책
자가 비판하고 있는 현대 자본주의 논리가 대학의 자율성
을 억압하는 상황이 20세기 후반 내내 지속되었고, 특히
20세기 막바지와 21세기 초의 신자유주의 흐름이 세계적
으로 대학 교육의 공공성을 파괴하고 있기 때문일 것이다.

이 책자가 프랑스에서 처음으로 독자들과 만난 지 반
세기가 지난 2016년 한국의 대학은, 대학생은, 교원과 직
원을 비롯한 모든 대학 구성원들은 행복하지 못하다. 이
책자의 제목처럼 오늘날 한국의 대학 구성원들은 비참한
대학 생활을 영위하고 있다. 오늘날 한국 대학의 위기 상
황이 50년 전 프랑스 대학의 위기와 정확하게 일치하는
것은 아니다. 하지만 자본주의 시장 논리와 정부의 밀어붙
이기식 교육 행정이 대학의 구조조정이나 제도 개악을 강

요하는 현실은 판박이처럼 닮았다.

'비참한 대학 생활'을 '행복한 대학 생활'로 바꾸는 일은 불가능할까? 대학의 자율성이 보장되고, 대학 구성원들의 민주적 소통이 확대되고, 대학 교육의 공공성이 강화되고, 대학이 진리 탐구의 전당으로 사회의 존중을 받을 수는 없을까? 이 책이 68운동에 관심이 있는 이들뿐 아니라 보다 민주적이고 자율적이고 비판적인 미래 대학을 건설하기 위한 다양한 논의와 시도에 참여하려는 이들에게 작은 도움이라도 되기를 희망한다.

2016년 11월

민유기

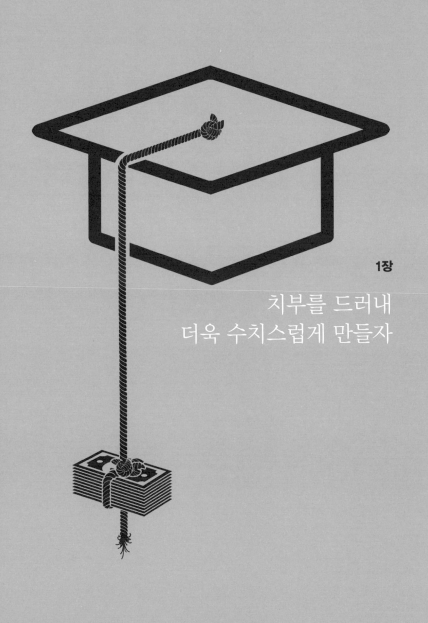

1장

치부를 드러내
더욱 수치스럽게 만들자

우리는 프랑스에서 대학생이 성직자와 경찰 다음으로 가장 널리 멸시받는 존재라고 확실히 말할 수 있다. 대학생이 멸시받는 이유들은 대체로 지배 이데올로기에 의해 유포된 거짓 때문이다. 혁명적 비판의 관점에서 대학생이 실제로 멸시받을 만하고 멸시받았던 이유들은 오히려 억제되거나 감추어진다. 그런데 거짓된 저항을 하는 이들은 자신들과도 관련이 있는 이 이유들을 찾아낸다. 그들은 대학생에 대한 가차 없는 멸시를 호의적인 찬미로 바꾸어버린다. 힘없는 좌파 지식인들로 《현대Les Temps Modernes》에서 《렉스프레스L'Express》에 이르는 잡지들에 관여하는 이들은 소위 '학생 봉기'를 황홀하게 바라본다. 한편 공산당에서 프랑스전국대학생연합UNEF까지를 망라하는, 실질적으로 쇠락해가는 관료주의적 조직들은 앞을 다투어 학생 봉기에 대한 '도덕적·물질적' 지원을 하고 있다. 우리는 이 소책자에서 대학생들에 얽힌 이들의 이해관계가 무엇인지를 알아보고, 이들 조직들이 초과발전한 자본주의의 지배적 현실에 어떻게 영합하고 있는지를 소개한 후에 이들을 조목조목 비판할 것이다. 소외를 극복하기 위해서는 소외와 같은 길을 따라가야만 하기 때문이다.*

지금까지 대학 생활에 대한 모든 연구와 분석들은 본질을 무시해왔다. 이는 대학의 전문 분야인 심리학, 사회학, 경제학의 시각을 결코 넘어서지 못하기 때문에 근본적으로 잘못된 것들이다. 그것들은 하나같이 현대사회의 총체적인 관점을 무시하면서 이미 샤를 푸리에Charles Fourier가 "계속해서 선험적인 질문들로 되돌아간다"고 언급한 '방법론적 실수'를 저지르고 있다. 사실을 맹목적으로 숭배함으로써 본질적인 범주가 은폐되고, 구체성은 '총체성'을 망각하게 만든다. 사람들은 현재 사회의 실제 모습인 '상품성과 스펙터클'을 제외한 채 사회의 모든 현상에 대해서 말하고 있다. 사회학자인 부르드롱Bourderon과 파스디외Passedieu는 그들의 연구서《상속자들―학생과 문화Les Héritiers : les étudiants et la culture》**에서 자신들이 증명해낸 몇

* 이유를 알아야만 비판할 수 있다는 의미이다.(옮긴이)
** 사회학자 피에르 부르디외(Pierre Bourdieu, 1930~2002)와 장클로드 파스롱(Jean-Claude Passeron, 1930~)의 공저로 1964년에 출판된 책이다. 상이한 사회계급 출신 대학생들의 고등교육 불평등 문제를 다루고 있다. 이름을 뒤섞어서

몇 부분적인 진실에 눈멀어 예리함을 잃고 말았다. 그들은 선한 의지에도 불구하고 체계적 교육에 관련된, 즉 "교육 시스템의 현실적 합리화에 의한 실제적 민주화"에 관련된 피할 수 없는 칸트적인 윤리 문제를 교수들의 도덕 문제로 되돌려버린다. 이들 사회학자의 제자들과는 달리 마크 크라베츠Marc Kravetz*의 동료들은, 수천 명의 학생들이, 마구 뒤섞인 낡은 혁명적 미사여구를 통해서 하급 관료적인 비애를 보상받기 위해 <u>스스로</u> 각성할 것이라고 믿었다.

현대 자본주의의 물신주의적 스펙터클화는 보편화된 수동성이라는 틀 속에서만 모두에게 저마다의 역할**을 부여한다. 대학생도 이 법칙에서 예외가 아니다. 대학생은 상품 시스템을 작동하게 해주는 긍정적이고 보수적인 요소를 떠맡을 미래를 준비하기 위한 임시적인 역할을 부여

부르드롱과 파스디외라고 표기하는 말장난으로 두 사회학자를 조롱하듯 비판하고 있다.(옮긴이)
* 마크 크라베츠는 프랑스전국대학생연합UNEF의 지도자들 사이에서 명성을 얻고 있다. 세련된 학생의회 대의원인 그는 '이론 연구'에서 위험한 실수를 저지른다. 1964년 잡지 《현대》에서 학생조합운동을 옹호했다가 1년 뒤 같은 잡지에서 이를 비난했다.
** 이 글에서 '스펙터클', '역할' 등의 개념은 상황주의자가 사용하는 의미로 쓰인다.

받는다. 대학생은 단지 사회 입문자에 속할 뿐이다.

마술처럼 대학생의 입문은 신화적 입문의 모든 특성을 띤다. 이 입문은 역사적·개인적·사회적 현실로부터 완전히 단절되어 있다. 대학생은 현재 그리고 이와 명확히 구분되는 미래 사이에 놓여 있는 존재이고, 현재와 미래의 경계는 기계적으로 정해진다. 정신분열증적인 인식으로 인해 그는 '입문 사회' 내에서 스스로 고립되고, 미래를 망각하게 되고, 역사로부터 벗어난 현재가 제공해주는 신비로운 학문 단위에 즐거워하게 된다. 그런데 공식적 진실, 즉 경제적 진실을 전복하려는 동기는 매우 단순하게 드러난다. 대학생의 현실은 정면으로 바라보기 힘들 정도로 고통스럽다. '풍요로운 사회'에서 대학생은 현재 극단적인 빈곤에 처해 있다. 대학생의 80퍼센트 이상이 노동자보다 소득이 많은 계층 출신이지만, 대학생의 90퍼센트는 가장 평범한 임금생활자보다 수입이 적다. 대학생의 빈곤은 스펙터클 사회의 빈곤, 신프롤레타리아의 새로운 빈곤 영역에 자리를 잡는다. 갈수록 많은 청소년이 노골적 착취 관계 속으로 더욱 빠르게 진입하기 위해서 도덕적 선입관과 가족의 권위에서 점점 벗어나는 시대에, 대학생은 무책임하고 온순하며 '연장된 미성년' 시기의 모든 영역에 머무르고 있다. 혹 그의 뒤늦은 사춘기로 인해 가족과 일부 갈등을 빚더라도, 그는 자신의 일상생활을 통제하는 다양한 제도들 내에서 아이처럼 다루어지는 것을 별다른 고통 없이 받아들인다.*

다양한 사회적 실천 영역이 식민화되는데 이는 대학생 사회에서 가장 극명하게 드러난다. 나쁜 사회적 인식을 죄다 대학생에게 전가하는 것은 모두의 빈곤과 속박을 감추려는 행위이다.

그러나 우리가 대학생을 멸시하는 이유는 완전히 다른 맥락에서 생겨난 것이다. 그 이유는 단지 대학생의 실제적인 비참함과 관련된 것이 아니다. 그것은 보편적인 이익의 결핍 앞에서도 오직 자신의 개인적 결핍에만 관심을 가져주기를 원하면서 모든 종류의 비참함을 대학생이 묵인하는 것, 즉 소외를 만족스럽게 소비하려는 불건전한 대학생의 성향과 관련된다. 현대 자본주의는 대부분의 대학생에게 매우 단순하게 19세기에 숙련노동자가 했던 기능

---

* 사람들은 그의 주둥아리에 똥을 싸지 않으면, 그의 엉덩이에 오줌을 싼다. / 조롱한다는 의미의 비속어 표현이다.(옮긴이)

에 상응하는 '하급 관리자'가 되기를 요구한다.* 현재의 수치스러운 비참함을 '보상해줄' 바로 도래할 미래의 예상 가능한 비참한 특성 앞에서, 대학생은 자신의 현재를 향해 고개를 돌려 허망한 특권의식으로 현재를 치장하고 싶어 한다. 집착에 비해 보상 자체는 지나치게 형편없다. 내일은 찬미받지 못할 것이고 운명처럼 초라한 꼴로 전락할 것이다. 이것이 대학생이 사회의 현실을 체험하게 해주지 않는 자신의 현재에서 피난처를 찾는 이유이다.

스토아 철학**의 노예인 대학생은 모든 권위의 사슬들이 그를 얽어맬수록 자신은 자유롭다고 믿는다. 그의 새로운 가족인 대학과 마찬가지로, 대학생은 가족과 국가라는 가장 강력한 사회적 권위를 휘두르는 두 체제를 '직접적으로 그리고 동시에' 떠받들면서도 가장 '자율적인' 사회적 존재임을 자처한다. 대학생은 가족과 사회로부터 인정받는 얌전한 아이다. '순종적인 아이'와 같은 논리를 따라 체제의 모든 가치 창조와 신비화 작업에 참여하고, 이런 가

* 하지만 혁명적 의식이 없는 하급 관리자이다. 노동자는 사회적 지위 향상이라는 환상을 갖지 않았었다.
** 세상의 일에 초연하며 순수하고 보편적인 사상의 세계에서 개인의 자유를 추구하는 고대 그리스·로마 시기의 철학 사조이다.

치 창조와 신비화에 자신도 매몰된다. 사무직 종사자들에게 부과되었던 환상들은 미래의 하급 간부 대다수에게 내재화되고 확산된 이데올로기가 되어버렸다.

고대의 사회적 비참함은 역사의 가장 웅장한 보상인 종교를 만들어냈다. 그러나 대학생의 주변부적인 비참함은 지배사회의 가장 진부한 이미지들 안에서 우스꽝스럽게 반복되는 모든 소외물을 위안거리로 찾아낼 뿐이다.

이데올로기적 존재로서 프랑스의 대학생은 '너무나도 늦게 모든 것에 도달'한다. 자신의 폐쇄된 세계에 대해 자기만족을 안겨주는 모든 가치와 환상들은, 오래전부터 역사에 의해 웃음거리가 된 참을 수 없는 환상들이라고 비난받은 것들에 불과하다.

대학으로부터 파편적인 약간의 위신을 획득하면서, 대학생은 여전히 대학생인 것에 만족한다. 하지만 너무 늦었다. 그가 받는 기계적이고 특화된 교육 수준 역시 과거의 보편적 부르주아 문화* 수준에 비해서 형편없이 낮아졌고, 그가 대학에 진학할 때 지녔던 고유한 지적 수준에 비해서도 낮아졌다. 이 모든 것을 지배하는 현실인 경제 시스템이 교양이 결여되고 사고 능력을 상실한 대학생들의 대량생산을 요구하기 때문이다. 대학은 제도화된 무지의 기구로 전락했고, '고급문화' 자체는 몇몇 교수들이 지식을 대량생산하는 가운데 사라져간다. 이들 교수들은 모두 바보가 되었으며, 심지어 고등학생에게도 야유를 받지만 대학생들은 이에 무관심하다. '대학생'이란 존재의 신비주의적 환상에 빠져서, 더 깊이 공감하기 위해서라며 모든 비판의식을 내버리고서, 그들은 계속해 스승들의 설교를 존경스럽게 경청한다. 사람들이 그에게 최신 지식을 알려달라고 부탁할 거라는 희망 속에서 몇몇 대학생들은 '진지한' 지식 습득에 몰두한다. 그들은 정신의 갱년기 상태에 있다. 오늘날 대학의 대규모 계단식 강의실 안에서 일어나고 있는 일들은 모두 혁명적 미래 사회에서 사회적으로 유해한 '소음'으로 비난받을 것이다. 그리고 이미 대학생은 조롱받고 있다.

대학생은 역사가 그들의 미미한 '폐쇄적인' 세계조차

---

* 고등사범학교나 소르본대학이 아니라 백과전서파나 헤겔 시대의 부르주아 문화 수준을 말한다.

변화시킨다는 것을 모르고 있다. 현대 자본주의 위기의 구체적 사례인 '대학의 위기'는 다양한 전문가들 사이에서 귀를 꽉 막은 채로 주고받는 대화 주제에 머무르고 있다. 대학의 위기는 생산에 필요한 이 전문 영역을 생산도구의 전체적인 변화에 조응시키기 위해서 뒤늦게 조정하는 것이 어렵다는 것을 보여준다. 부르주아 자유 대학이라는 낡은 이데올로기의 잔존물은 대학의 사회적 기반이 사라지는 순간에 진부해진다. 자유무역 자본주의와 자유방임주의 국가 시대에는 대학에 일정한 주변부적 자유를 허용했기에, 대학은 스스로 자율적 권력을 획득할 수 있었다. 사실 이 자유는 이러한 유형의 사회에 필요한 것과 밀접하게 연결되어 있었다. 이는 학업을 수행할 수 있는 지배계급 출신인 특권적 소수에게 그들이 지배계급의 대열에 다시 합류하기 전에 적절한 보편적 문화를 제공하는 것이었다. 미래 지배자들의 보호견이라는 자신들의 옛 기능을, 경제체제의 계획적인 요구에 따라 각각 공장과 사무실로 향할 '화이트칼라' 무리의 안내견이라는 훨씬 덜 귀족적인 기능 때문에 상실한 것에 교수들은 기분이 상해버렸다. 향수에 가득 찬 교수들*의 우스꽝스러움이 여기에서 비롯된다. 대학의 기술관료화에 자신들의 회고주의를 대립시키는 이들이 바로 이런 교수들이며, 단지 자신이 할 일만을 알고 있을 미래의 전문가들에게 소위 보편적 문화의 기초 담론을 침착하게 계속 떠들어대는 것도 이들이다.

더욱 심각한 것, 그래서 더욱 위험한 것은 좌파 근대주의자들과 파리대학교 인문대학생회FGEL의 '극단주의자'들이 주도하는 프랑스전국대학생연합UNEF 내부에 존재하는 근대주의자들이다. 이들 근대주의자들은 '대학의 구조 개혁'과 '대학의 사회경제적 삶으로의 재진입'을, 다시 말해서 대학이 현대 자본주의 체제의 필요에 적응할 것을 요구한다. 지배계급을 위한 '보편문화'의 분배자라는 여전히 시대착오적인 위신들로 치장한 다양한 대학교와 고등교육 기관들은 하급 간부와 중간 간부를 속성으로 키워내는 공장으로 변화했다. 상대적으로 자율적인 사회적 삶의 최후 영역들 가운데 하나를 상업적 시스템의 요구에 직접 종속시키는 이 역사적 과정에 반론을 제기하지 않은 채, 우리 시대의 진보주의자들은 이 시스템을 현실에 구현할 때 감내해야 하는 고통과 지체들에 대해서만 항의한다.

* 속물적 자유주의를 감히 내세우지는 않으면서, 그들은 스스로 '자유가 없는 민주주의' 시기였던 중세 대학의 특권 속에서 참고자료들을 찾아낸다.

그들은 이미 여기저기에서 나타나고 있는 사이버네틱스를 적용한 미래 대학의 지지자들이다.* 상품 시스템과 그의 근대적 하수인들, 이것이 우리의 적이다.

하지만 모든 논쟁은 대학생의 머리 위에서, 즉 그들 스승들의 하늘에서 전개되고 있기 때문에 논쟁에서 그들은 완전히 배제된다. 대학생의 삶 전체가, 그리고 '삶' 자체가 그의 통제를 벗어난다.

심각한 빈곤이라는 자신의 경제적 상황 때문에, 대학생은 매우 보잘것없는 '생존' 방식을 강요받는다. 그러나 자신의 존재에 항상 만족하면서, 대학생은 자신의 자명한 비참함을 궁핍을 체험하는 차원의 보헤미안적인 고유한 '생활양식'으로 여긴다. 그런데 이미 고유한 해결책과는 거리가 먼 '보헤미안적' 해법은 대학 생활과 완전히, 결정적으로 단절한 이후에만 진정으로 경험할 수 있을 뿐이다. 대학생들 가운데 보헤미안적 해법의 옹호자들은, 비록 모

---

* "Correspondance avec un cybernéticien", *Internationale Situationniste*, n. 9(편집국은 파리 사서함 307.03). 그리고 새로운 유형의 교수 몰르에게 반대하는 상황주의자의 소책자《쇼윈도 안의 거북이 La tortue dans la vitrine》를 참고하라.

든 대학생이 어느 정도 그런 존재임을 과시하기는 하지만, 최상의 경우에도 보잘것없는 개인적 해결책을 모조하고 변형한 것에만 집착하는 셈이다. 이들은 시골 노인의 경멸까지도 받아 마땅하다. 청년의 훌륭한 교육자인 빌헬름 라이히Wilhelm Reich의 책*이 출간된 지 30년이 지났는데도 이들 '괴짜들은' 성적 관계 내에서 계급사회의 보편적 관계를 재생산하는 가장 전통적인 에로틱한 사랑의 태도를 여전히 견지한다. 모든 것에 맞서 싸우려는 대학생의 태도는 그의 무능력에 대한 의미심장한 표현이다. 총체적 스펙터클에 의해 허용되는 개인적 자유의 범위 안에서조차, 그리고 어느 정도 시간 여유가 있음에도, 대학생은 여전히 모험을 회피한다. 대학생은 스펙터클의 보호막에 의해서 자신들의 의도가 조정되고 협소해진 일상적인 시공간을 선호한다.

강요에 의해서가 아니라 스스로 '장학생'과 '공부벌레'를 조롱하는 위선을 표출하면서 대학생은 학업과 여가를 분리한다. 그는 모든 형태의 분리를 수용하면서도 다양한

* 《청년의 성 투쟁》, 《오르가즘의 기능》을 보라.

종교, 스포츠, 정치 혹은 학생조합 '동아리'들 내에서의 소통 부재를 한탄한다. 대학생은 집단적으로 그리고 자발적으로 정신상담사와 심리상담사라는 유사경찰의 통제에 의존하기까지 한다는 점에서 매우 어리석고 매우 불행하다. 이런 유사경찰의 통제는 근대적 억압의 전위 세력들이 활용해왔으나, 대학심리상담소 설치를 필수적이고 가치 있는 승리라고 간주한 학생 '대표자들'에 의해서 자연스럽게 찬양되었다.*

일상생활에서 대학생이 겪는 실제적인 비참함은 문화상품이라는 중요한 아편에서 직접적이고 환상적인 보상을 발견한다. 문화적 스펙터클 안에서 대학생들은 공손한 제자라는 자신의 위치를 자연스럽게 재발견한다. 문화상품의 생산 장소에 가깝지만 결코 그곳에 접근할 수가 없는 상태에서, 다시 말해 성역에 접근이 금지된 채로, 대학생은 감탄하는 관람객의 상태로만 '근대 문화'를 발견한다. 대학생은 '예술이 죽은' 시대에 극장과 영화 클럽의 주

---

* 학생이 아닌 이들을 정신병원의 요새 안에 있는 정신상담사 앞에 서게 하기 위해서는 힘을 제어하기 위한 특수 의복이 필요하다. 학생의 경우는 눈앞에 보이는 검문소들이 게토 안에서 문을 열고 있다고 알려주는 것으로 충분하다. 그들은 대기 순번표가 필요할 정도로 그곳을 향해 앞을 다투어 달려간다.

요 고객으로, 풍요로운 가정들을 위해 슈퍼마켓에서 셀로 판지로 포장되어 판매되는 얼어붙은 예술 시체의 가장 탐욕스러운 소비자로 머무른다. 그는 아무런 망설임 없이, 아무런 생각 없이 그리고 아무런 거리낌도 없이 그것에 참여한다. 이것이 대학생의 본성이다. 만약 '문화의 전당'* 들이 존재하지 않았다면, 대학생은 그것들을 만들어냈을 것이다. 대학생은 마케팅에 대한 미국 사회학의 가장 일반적인 분석들을 완벽하게 증명한다. 과시적 소비와 무가치한 전형적인 상품들 사이에서 광고를 통해 차별화하는 것 말이다. 페렉Georges Perec 혹은 로브그리예Alain Robbe-Grillet, 고다르Jean-Luc Godard 혹은 를루슈Claude Lelouch를 참조하라.

그리고 자신의 문화적 스펙터클을 생산하거나 조직해내는 '신'들이 무대 위에 등장하자마자 대학생은 그들의 중요한 관중이자 이상적인 지지자가 된다. 즉, 대학생은 집단적으로 신들의 가장 통속적인 시연에 참여하는 것이다. 예를 들어 다양한 성당의 사제들이 소위 마르크스주의

* 샤를 드골 대통령 임기(1958~1969) 내내 문화부장관을 지낸 작가 앙드레 말로(André Malraux, 1901~1976)가 고급 문화예술에 대중들이 쉽게 접근할 수 있도록 프랑스 주요 지방도시에 건립하게 한 문화의 전당Maison de la culture을 가리킨다.(옮긴이)

자 세미나 주간Semaine de la pensée marxiste*이나 가톨릭 지식인 회합들과 같이 자유롭게 자신들의 담화를 공개적으로 발표하기 시작한 시기에, 혹은 문학의 잔해들이 자신들의 무력함을 막 확인하는 시기에, '문학은 무엇을 할 수 있는가?' 토론회**에 5,000명의 학생이 몰린 것처럼, 대학생이 아니라면 다른 누가 관람석을 채울 것인가.

진정한 열정에 둔감하기 때문에, 대학생은 우둔한 스타들 사이에서 진실을 감추는 거짓 문제들에 관련된 열정 없는 논쟁에서 즐거움을 찾는다. 알튀세르Louis Althusser, 가로디Roger Garaudy, 사르트르, 바르트Roland Barthes, 피카르 Raymond Picard, 르페브르Henri Lefebvre, 레비스트로스Claude Lévi-Strauss, 할리데이David Halliday, 샤틀레François Châtelet, 앙투안Gérald Antoine이 스타들이고, 인본주의, 실존주의, 구조주의, 과학주의, 신비평, 변증법적 자연주의, 사이버네티

* 마르크스주의 연구 성과를 발표하고 공산당을 지지하지 않는 좌파 지식인들과 소통하기 위해 1961년부터 매년 개최하는 일주일 동안의 학술제. 1946년에 시작된 가톨릭 지식인 세미나 주간Semaine des intellectuels catholiques을 본떠 조직되었다.(옮긴이)
** 공산주의학생동맹Union des Etudiants Communistes(UEC)이 1964년 12월 9일 파리 시내에 위치한 상호부조회관Maison de la Mutualité에서 사르트르를 초청해 펼친 토론 논쟁을 말한다.(옮긴이)

시즘Cybernétisme, 플라네티즘Palanétisme, 메타철학주의가 그 논쟁들이다.*

　이것들에 몰두하면서, 고다르의 최신 영화를 봤거나, 잡지《논증Arguments》관련자의 최근 책을 샀거나,** 바보 같은 라파사드Lapassade의 최근 해프닝에 참여하면서, 대학생은 자신이 전위에 속한다고 생각한다. 무지몽매한 라파사드는 해당 시대에는 확실히 중요했고 시장의 의도를 완화시키는 낡은 연구의 가장 퇴색한 모조품들을 인증표를 통해 '혁명적으로' 새로운 것인 양 보증한다. 질문을 하는 행위는 항상 대학생의 문화적 지위를 유지하게 해준다. 모든 이들과 마찬가지로 대학생은 '대중문화'가 매우 빠른 속도로 유통시킨 중요하고 어려운 일련의 텍스트들의 문고판을 구입하는 것을 자랑스럽게 여긴다.*** 다만 대학생은 읽

* 신비평은 문학 작품을 사회적 산물로 보고 사회적·역사적 맥락을 중시하던 기존의 문예 비평과 대립하여 1950~60년대에 프랑스에서 등장한 새로운 비평 방법이다. 작품의 사회적 배경이나 작가의 생애 및 사상보다는 독립된 하나의 언어 세계로서 작품을 이해하고 그 구조 및 수법과 형태를 밝히는 것을 중시한다. 플라네티즘은 지구 행성 차원의 공동의 가치, 지속가능한 발전 등을 옹호하는 경향을 가리킨다.(옮긴이)
**《논증》관계자들의 조직과 기관지 배포에 대해서는 국제상황주의자가 1963년에 배포한〈역사의 쓰레기들에게Aux poubelles de l'Histoire〉를 참고하라.
*** 이 점에 대해서는, 이미 가장 뛰어난 지식인들의 해결책이 이런 현상을 더욱 가

을 줄을 모른다. 그저 바라보면서 그것들을 소비하는 것에 만족한다.

대학생이 가장 선호하는 읽을거리는 문화적 싸구려들을 열광적으로 소비하도록 대대적으로 부채질하는 전문 언론이다. 온순하기 때문에 학생들은 그 언론의 상업적인 선전문들을 그대로 받아들이고 이를 자기 취향을 정하는 참고 기준으로 삼는다. 그는 여전히 주간지《렉스프레스》와《롭세르바퇴르L'Observateur》에 흥미를 느끼고, 혹은 그에게는 지나치게 어려운 문체로 쓰인 일간지《르몽드Le Monde》가 현실을 반영하는 진정한 '객관적' 신문이라고 믿는다. 그는 자신의 상식을 확장하기 위해서 낡은 생각들의 주름과 반점을 제거해주는 마술적 잡지《플라네트Planète》를 구독한다. 대학생은 이 같은 지침서들과 함께 현대 세계에 참여하고 정치에 입문한다고 믿는다.

다른 어느 곳보다도 프랑스의 대학생은 '정치화된 존재'임에 만족하고 있다. 단지 자신이 '스펙터클'을 통해서 정치에 참여하고 있다는 사실을 모르고 있을 뿐이다. 즉

속시켰기에 우리가 무리하게 해결책을 제시할 필요는 없을 것이다.

그는 '사회주의적' 개혁주의에 의해서 그리고 스탈린주의적 반혁명에 의해서 이미 '40년도 더 이전에' 전멸한 좌파의 우스꽝스러운 모든 잔재에 스스로 재적응한다. 대학생은 아직 이를 모르고 있는 반면에, 권력은 이를 명확하게 알고 있고 노동자들은 이를 불분명하게 알고 있다. 대학생은 단지 자신에게만 관심을 끄는 가장 하찮은 시위들에 어리석은 자존심을 지닌 채로 참여한다. 정치의식은 비록 그것이 거짓인 경우에도 대학생들에게 순수한 형태로 발견된다. 그렇기에 대학생은 죽어가는 조직들인 소위 공산당에서 프랑스전국대학생연합까지의 유령과 같은 관리자들이 조종하기 쉬운 이상적인 기반을 구성한다. 이들 조직들은 총체적으로 대학생들의 정치적인 선택을 설정한다. 일탈을 저지르고 '독립'을 지향하긴 하지만 대학생은 한 차례 저항의 흉내를 내고는 한순간도 의문을 품지 않았던 질서 속으로 순순히 편입된다.* 대학생이 이와는 다르게 행동할 수 있다고 믿을 때는, 청년도 공산주의자도 아니고 혁명적이지도 않으면서 선전을 위해 무언가를 거꾸로 주

* 나름의 고유한 위계 체제를 지니고 있는 공산주의학생동맹UEC의 최근의 모험들과 이들과 유사한 크리스트교 학생 조직을 참고하라. 위계 체제들은 이들 학생들의 유일한 동질성이 지도부에 대한 절대적 복종에 있다는 것을 보여준다.

장하는 증세로 인하여 '혁명적공산주의청년단JCR'이라는 명칭을 내세우는 이들과 마찬가지로, '베트남에 평화'라는 교황의 슬로건*에 기꺼이 동조하기 위해서이다.

대학생은 드골 체제의 '시대에 뒤떨어짐'**에 반대하는 것을 자랑스러워하지만, 이러한 반대가 톨리아티Palmiro Togliatti, 가로디, 흐루시초프, 마오쩌둥 시대의 스탈린주의에 대한 반대***와 마찬가지로 과거의 과오인 '얼어붙어버린 범죄들'에 대한 비판을 잠재우게 한다는 점을 이해하지 못한다. 그의 '청춘'은 현대사회를 통치하는 데 필요한 모든

---

* 교황 바오로 6세(Paul VI, 1963~1978 재위)는 역대 교황 가운데 처음으로 미국을 방문하여 1965년 10월 4일 유엔본부 연설을 통해 베트남전쟁 종식과 평화를 호소했다.(옮긴이)

** 1958년부터 1969년까지 프랑스 대통령으로 재임한 드골은 제2차 대전 이후 쇠락해간 프랑스의 옛 영광을 나라 안팎에서 재현하는 것을 주된 정책 기조로 삼았다.(옮긴이)

*** 스탈린은 1953년 사망했다. 이탈리아 공산당 대표였던 팔미로 톨리아티는 스탈린 사망 이후 스탈린주의를 비판하며 서유럽 공산당의 독자 노선을 강조했다. 프랑스 공산당 이론가 로제 가로디 역시 스탈린 사후인 60년대에 스탈린주의에 비판적이었다. 스탈린의 뒤를 이어 소련 공산당 서기장이 된 흐루시초프는 1956년 당 대회에서 스탈린 비판 연설로 대표되는 스탈린 격하 운동을 전개해 여러 나라에서 스탈린주의에 대한 비판이 쏟아져 나오게 만들었다. 스탈린 사후 마오쩌둥도 중국의 상황에 부합하는 사회주의 노선을 내세우며 스탈린주의에 비판적이었다. 그런데 스탈린주의 자체를 비판하면서 스탈린 시대의 수많은 잘못과 과오들은 제대로 비판하지 않았다.(옮긴이)

것을 효과적으로 부여하는 권력보다 더욱 '시대에 뒤떨어져' 있다.

그런데 대학생의 시대에 뒤떨어진 속성은 이것이 전부가 아니다. 그는 자신이 모든 것에 대해서 보편적으로 생각한다고, 학생들의 소란과 남녀 공용 기숙사의 필요성에 의미를 부여해주는 적합한 세계관을 지니고 있다고 믿는다. 그럼에도 대학생은 교회의 마지막 선교 열기에 넘어간다. 그는 신의 오만한 시체를 숭배하기 위해서 그리고 자신과 자신의 시대에 적합하다고 믿는 선사시대 종교들의 분해된 파편들에 열중하기 위해서 오래된 진부함에 몰입한다. 교회는 서원수녀의 대다수가 존재하는 지방의 나이 든 부인들과 함께 대학생들이 이미 사제들을 헐뜯거나 몰아낸 다른 모든 영역과는 달리 여전히 최상의 '선교지'로 남아 있다고 과감하게 강조한다. 대학생을 대상으로 활동하는 사제들은 숨기지도 않은 채 영적인 언설을 통해서 수천 명의 학생들을 계속 망가뜨리고 있다.

어쨌든 대학생들 사이에는 지적 수준이 높은 이들이 분명히 존재한다. 그들은 열등생들을 위해 마련된 한심

한 학업 능력 평가 시험에서 손쉽게 좋은 점수를 획득한다. 정확히 '시스템을 이해'했고, 이를 조롱하며 자신들의 적수에 대해서도 알고 있기 때문이다. 그들은 학업 시스템 내에서 좋은 성적으로 장학금을 획득한다. 순수하게 지적인 '연구'라는 작은 영역을 현재의 수준으로 유지하도록 강제하는 평가의 허점을 활용하면서, 그들은 분쟁의 씨앗을 조용하게 가장 높은 수준으로 옮기고 있다. 시스템에 대한 그들의 공개 조롱에는 명석함이 빛난다. 그들은 명석함을 통해 무엇보다 지적인 방식으로 시스템의 하수인보다 더 힘 있는 존재가 된다. 우리가 얘기하고 있는 이들은 이미 다가오는 혁명운동의 이론가들에 포함되어 있다. 사람들이 이 운동에 대해 얘기하기 시작할 때 그들은 자기 이름이 알려지는 것에 득의양양해한다. 그들은 자신들이 '학문 시스템'에서 매우 쉽게 획득하는 것을 시스템의 파괴를 위해 활용하고 있다는 사실을 아무에게도 숨기지 않는다. 대학생은 자신들의 학업 시스템에 저항해야만 무엇에든 저항할 수 있다. 이러한 저항의 필요성은 본능적으로 자신의 조건에 대해 저항하는 노동자들보다는 덜 자연스럽게 느껴진다. 하지만 대학생은 고다르와 마찬가지로 그리고 코카콜라와 마찬가지로 현대사회의 한 산물이다.

대학생은 사회 전체에 대한 저항을 통해서만 극단적 소외에 대한 저항에 나설 수 있다. 그런데 이와 같은 비판은 결코 대학생의 영역에서는 제기될 수가 없다. 왜냐하면 대학생은 거짓 가치를 획득하고, 거짓 가치는 자신의 진정한 상실을 자각하는 것을 금지하기 때문이다. 이에 따라 대학생은 거짓 의식의 정점에 머물러 있다. 하지만 현대사회를 비판하기 시작하는 어떤 영역에든 대학생의 태도에 대한 총체적 비판에 즉각적으로 부응하는 청춘의 저항이 존재한다.

2장

사상의
실현만으로는 부족하니,
현실이 자신의 사상을
도출하게 하자

혼수상태의 휴지기와 영속적인 반혁명이 오래 지속된 이후, 몇 년 전부터 청년이 주도하는 것으로 보이는 새로운 저항의 시기가 등장하고 있다. 하지만 스펙터클 사회는 스스로 만들어내는 그리고 적들이 만들어내는 표상들 안에서, 세계와 역사를 이해하기 위한 자신의 이데올로기적인 범주들을 부여한다. 스펙터클 사회는 사물들의 자연적인 질서 속에서 일어난 모든 것을 가져가 버리고, 자신의 '초월'을 선언하는 진정한 새로움을 자신의 가공된 새로움이라는 제한된 틀에 감금한다. 부여된 삶의 방식에 대한 청년의 저항은 사실상, 갈수록 생존 자체가 불가능하다는 사실을 절감하는 모든 사람들을 아우르는 더욱 광범위한 전복의 징후 중 하나이자 다가오는 혁명 시대의 전주곡일 뿐이다. 오직 지배 이데올로기와 일상에서 활동하는 이데올로기적 기관들만이, 현실을 거꾸로 뒤집어 왜곡하는 이미 검증된 메커니즘에 의해서 이 진정한 역사적 운동을 사회적이자 자연적인 하나의 거짓 범주로 축소할 수 있다.

청춘은 본질적으로 저항하는 존재라는 청춘론이 그것이다. 이런 식으로 사람들은 "청년이 생산의 진지함에 그리고 구체적이고 진정한 목적을 추구하는 활동에 사로잡혀 있다"는 것을 희석하기 위해, 저항하는 새로운 청춘을 모든 세대에 재등장하는 청춘의 영원한 저항의 상징으로 환원한다. '청춘의 저항'은 언론의 진정한 과장의 대상이었고 여전히 그러하다. 언론의 과장은 청춘의 저항을 '저항'이라는 스펙터클로 변화시킨다. 이 스펙터클은 사람들로 하여금 저항이 생동감 넘치지 못하도록 단지 지켜보는 것만을 허용하고, 저항이란 비규범적이지만 사회 시스템의 기능에 필요하기에 이미 사회에 통합된 것이라고 인식하게 만든다. 사회에 대한 이러한 저항은 사회를 안심시킨다. 왜냐하면 여성 문제 혹은 흑인 문제가 그러하듯이, 청년 '문제들'에 대한 '차등 대응 정책' 속에서 저항이 불완전한 채로 유지되고 단지 일부분만 지속될 것으로 추정되기 때문이다. 사실상 현대사회에서 '청년' 문제가 존재한다면, 이는 이 사회의 근원적 위기가 단지 청년에게 가장 날카롭게 느껴지기 때문이다.* 현대사회의 뛰어난 산물인

---

* 청춘이 그것을 느낄 뿐만 아니라 표출하고 싶어 한다는 의미이다.

청년은 무조건 이 사회에 통합되거나 급진적으로 이 사회를 거부하거나 간에 그 자체로 근대적이다. 간파해야만 하는 것은 청춘은 저항하는 반면에 '어른들'은 매우 체념적이라는 통념이 사실이 아니라는 점이다. 이는 신화가 아니라 실제 역사 속에서 입증되는 사실이다. 이전 세대는 모든 패배를 경험했고 혁명운동의 수치스러운 해체기에 만발하는 거짓말들에 속아왔을 뿐이다.

스스로가 그렇게 간주하는 것처럼, '청춘'은 역동성의 표출인 자본주의 생산방식과 이미 근원적으로 결합된 하나의 광고와 같은 신화이다. 청춘의 이 같은 환상 어린 우월감은 제2차 세계대전 이후 경제의 재도약과 함께 가능하게 되었다. 경제의 재도약은 보다 다루기 쉬워진 모든 종류의 소비자들이 대중으로 시장에 편입됨으로써 이루어졌다. 이러한 편입은 스펙터클 사회로의 통합을 보증하는 역할을 수행했다. 그러나 세상에 대한 지배적인 설명은 사회경제적 현실과 다시금 모순된다. 왜냐하면 설명이 현실에 뒤떨어지기 때문이다. 오로지 청춘만이 처음으로 생존을 위한 억제할 수 없는 분노를 내뱉으며, 일상적인 지겨움과 낡은 세계가 다양한 근대화 과정을 통해서 지속적으로 발산한 죽은 시간에 대항해 자발적으로 반란을 일으킨다. 청춘의 저항하는 몇몇 무리는 초월의 전망을 의식하지 않고서 단순한 거부를, 염세주의적 거부를 표출한다. 초월의 전망은 세계 곳곳에서 모색되고 구성되고 있다. 청춘은 이론적 비판의 일관성과 이러한 일관성의 실천적 조직에 도달할 필요가 있다.

요약해서 말하자면, '블루종 누아르Blousons noirs'*들은 모든 나라에서 대부분 허울뿐인 폭력과 함께 통합에 대한 거부를 표현한다. 하지만 저항의 추상성으로 인해, 그들 스스로가 자연발생적이고 부정적인 산물에 불과한 시스템의 모순에서 벗어날 어떠한 기회도 갖지 못한다. '블루종 누아르'는 현재 '질서'의 모든 측면에서 만들어진다. 그 질서란 대단지 공동주택 설립을 낳는 도시계획, 가치의 해체, 갈수록 지겨워지는 소비적 여가생활의 확장, 인본주의를 내세우며 모든 일상생활로 점차 확대되는 경찰의 통제, 의미를 상실한 가족 단위의 경제적 생존이다. 블루종 누아

* 블루종 누아르는 직역하면 '검은 점퍼'란 뜻으로 1950~60년대 프랑스에서 미국 로큰롤 음악에 심취해 검은 점퍼를 입고 기성세대와 사회에 대한 저항의식을 표출했던 반항적인 청년 집단을 가리킨다. 미국의 비트족에 비견되는 프랑스의 현상이며, 서유럽 각국에 이와 유사한 반항적 청년 집단이 존재했다.(옮긴이)

르들은 노동을 조롱한다. '하지만' 그들은 상품을 수용한다. 그들은 광고가 보여주는 모든 상품을 지금 당장 구매할 능력이 없음에도 불구하고 소유하기를 원한다. 이 같은 근본적인 모순이 그들의 존재를 송두리째 지배한다. 그러한 틀은 자유로운 시간 활용, 개성의 표출, 그리고 일종의 공동체 구성이라는 블루종 누아르들이 내세우는 자기주장을 원천봉쇄해버린다. 선진사회의 주변부에서 오직 그러한 미시적 공동체만이, 개인의 비참함 정도가 그가 속한 무리 내부의 위계질서를 필연적으로 재창조하는 원초주의를 재구성한다. 오직 다른 무리들과의 싸움 속에서만 명확해지는 위계질서는 각각의 무리들을 '고립'시키고, 각각의 무리에서는 개인을 '고립'시킨다. 이러한 모순에서 탈피하기 위해, '블루종 누아르'는 궁극적으로 상품을 구매하기 위한 노동을 해야만 할 것이다. 한 무더기의 생산 품목들이, 오토바이, 전자기타, 의복, 음반 등이 소비자인 그를 회유하기 위해서 특별하게 제작된다. 이들 상품의 구매를 위해 노동을 하지 않는다면 그것을 훔치는 원초적 방식으로, 혹은 상품세계에 대한 혁명적 비판에 도달하는 의식적 방식으로 상품의 법칙을 공격해야만 할 것이다. 소비는 이러한 저항적인 청년들의 태도를 부드럽게 만들고, 그들의 저항을 최악의 순응주의로 되돌아가게 한다. 블루종 누아르의 세계에는 혁명적 의식의 획득이나 공장에서의 맹목적 순종만이 존재할 뿐이다.

프로보Provo*들은 '블루종 누아르'의 경험을 초월하는 최초의 형태를, 즉 정치적 표현을 하는 최초의 조직체를 구성한다. 이들은 성공을 추구하며 변질된 예술계의 타락한 예술가들과 확실한 의지 표명을 추구하는 저항하는 청년 집단 간의 만남 덕분에 탄생했다. 프로보 조직을 통해 두 세력은 새로운 유형의 저항을 발전시키고 촉진할 수 있었다. '예술가'들은 이데올로기적으로 더욱 뒤범벅이 된 놀이를 추구하는 여전히 매우 매혹적인 몇몇 흐름을 저항하는 청년들에게 제공해주었다. 한편 저항하는 청년들은 저항의 폭발성을 예술가들을 위해 제공할 수 있었다. 그들의 조직이 구성되자마자 두 경향은 구분된 채 유지되었다. 이론이 없었던 이 무리는 단숨에 프로보주의 이데올로기의 분출을 통해 그들의 '권력'을 유지하려 한 의심스러

---

* 프로보는 1960년대 중반 네덜란드에서 기존 사회질서에 저항하며, 전위예술적인 방법으로 유쾌하고 활력 넘치는 새로운 정치적·사회적 삶을 조직하려 한 청년 아나키스트 그룹이었다. 도발한다는 뜻의 네덜란드어 동사 provoceren에서 유래했다.(옮긴이)

운 협소한 지도부의 후견 아래에 놓이게 되었다. 블루종 누아르의 폭력이 예술의 초월 시도 안에서 이념의 차원으로 넘어간 대신에, 신예술주의적 개혁주의가 폭발력을 얻게 되었다. 프로보들은 현대 자본주의에 의해서 생산된 최후의 개혁주의, 즉 일상생활 개혁주의의 표상이다. 삶과 위계질서를 바꾸기 위한 끊임없는 혁명이 조금도 필요하지 않다며, 프로보는 마치 에두아르트 베른슈타인Eduard Bernstein이 개혁을 통해 자본주의를 사회주의로 변화시킬 수 있다고 믿었던 것처럼, 일상생활을 변화시키기 위해 몇 가지를 개선하는 것으로 충분하다고 생각한다. 프로보들은 단편적인 것을 선택하면서 결국 모순된 전체성을 인정해버린다. 그들의 지도부는 자신의 기반을 마련하기 위해, 그들이 참석하지 않았던 연회의 곰팡이 핀 남은 음식들로 만들어진 별 의미도 없는 예술정치적 샐러드 같은 프로보타리아Provotariat라는 우스꽝스러운 이데올로기를 발명했다. 그들에 의하면 프로보타리아라는 개념은 프롤레타리아의 수동성과 이른바 부르주아화에 반대하기 위해 고안한 용어인데, 이는 세기의 모든 얼간이들이 알맹이 없이 잘난 체하는 말이다. 총체성의 변화를 포기했기 때문에, 그들은 초월 가능성의 희망을 가져다줄 유일한 세력들을 포기한다. 프롤레타리아는 자본주의사회의 동력이고 따라서 자본주의사회의 치명적 위험이다. 프롤레타리아가 현실적으로 위협적인 유일한 세력이기 때문에, 그들을 억제하기 위해서 정당, 관료주의적 노동조합, 경찰, 프로보에 대한 비난보다 더한 비난, 모든 삶의 식민화 같은 모든 노력이 동원된다. 프로보들은 이를 전혀 이해하지 못했다. 즉 그들은 생산 시스템을 비판하는 데 무능력했고, 따라서 모든 시스템의 포로가 되었다. 그리고 조합주의에 반대하는 노동자의 소요에서 그들의 하부 조직이 직접 폭력을 사용했을 때, 지도부는 운동에서 완전히 배제되었다. 당황한 지도부는 '과도함'을 비난하고 애처롭게 그들의 강령을 포기하는 평화주의에 호소할 따름이었다. 그들의 강령은 권위에 대한 도발, 예를 들어 경찰이 자신들을 도발했다고 외치면서 경찰의 억압적 성격을 폭로하는 것에 불과했다. 설상가상으로 그들은 라디오를 통해 청년 봉기자들에게 '프로보'들의, 즉 지도부의 교육을 받을 것을 촉구했는데, 이는 그들의 모호한 '아나키즘'이 심지어 거짓말에 불과하다는 것을 노골적으로 드러냈다. 프로보들의 저항적인 하부 조직은 오직 자신들의 지도부에 저항함으로써 혁명적 비판에 도달할 수 있을 것이다. 이것이 말하려는 바는 프롤레타리아의 객관적 혁명 세력들을 결집시키고, 네덜란드 왕국의 공식 예술가인 콘스탄트Constant Anton Nieu-wenhuys 혹은 실패한 의회주의자이자 영국식 자치제의 숭배자인 베른하르트 드브리스Bernhard De Vries를 쫓아내자는 것이다. 오직 그곳에서 프로보들은 이미 실질적인 기반을 보유하고 있는 진정한 근대적 저항에 합류할 수 있을 것이다. 진정 세상을 바꾸려 한다면 세상을 하얗게 칠하는* 것에 만족해하는 이들과 결별해야만 할 것이다.

  미국의 대학생들은 학업을 거부하면서, 이 같은 학업을 필요로 하는 사회에 대해 즉각 의문을 제기했다. 그와 마찬가지로, 버클리 대학과 그 밖의 여러 대학에서 일어난 대학의 위계질서에 반대하는 그들의 저항**은 '경제와 국가

* '세상을 하얗게 칠한다'는 표현은 프로보의 사회개혁 실천을 가리킨다. 프로보는 암스테르담 시의회에 진출해 보다 살기 좋은 도시를 위한 정책을 하얀 계획 White Plan이라 명명했다. 하얀 자전거 계획은 도심 자동차 통행량을 줄이기 위해 하얀색을 칠한 잠그지 않는 무료 공용 자전거를 도입하는 것이었다. 그 밖에 오염물질을 많이 뿜어대는 굴뚝을 하얗게 칠하고 해당 기업에 무거운 세금을 매기자는 하얀 굴뚝 계획, 사용하지 않는 빈집을 하얗게 칠해 집 없는 이들이 무단 점거해서 사용하게 하자는 하얀 주택 계획 등이 제시되었다.(옮긴이)
** 캘리포니아대학교 버클리캠퍼스에서 1964년에 일어난 자유 언론 운동Free Speech Movement(FSM)과 미국 전역의 대학에서 전개된 이와 유사한 학생 시위를 말한다. 1950년대 후반부터 60년대 초반까지의 흑인민권운동을 지지하는 학생 활동에 대해 1964년 가을 버클리대학 당국이 학내 정치활동 금지 학칙을

의 독재 그리고 위계질서에 기반을 둔 모든 사회 시스템에 대한' 저항임이 즉각 확언되었다. 자신들의 전문적 학문이 매우 자연스럽게 목적지로 삼는 '기업체들에 통합되는 것'을 거부하면서, 그들은 모든 노동과 이를 통한 생산이 총체적으로 활동의 주체를 벗어나 버리는 생산 시스템에 근원적인 문제를 제기했다. **시행착오와 혼란을 경험하면서 저항하는 미국의 청년들은 '풍요로운 사회' 내부에서 일관되고 혁명적인 대안을 추구하기 시작했다. 이는 미국이 처한 위기의 상대적으로 우연적인 두 양상에, 즉 흑인 문제와 베트남전쟁에 광범위하게 결합되어 있다. '신좌파'를 구성하는 소규모 조직들은 이 두 양상에 많은 영향을 받는다. 그런데 형식에 있어서는 민주주의의 진정한 요구가 느껴질지라도, 내용에 있어서는 빈약한 전복성이 이 조직들을 위험한 모순 속으로 다시 빠트린다. 낡은 조직들의 전통적 정치에 대한 이들의 반감은, 현저한 정보 부족과 현재 세계에서 일어나고 있는 일들에 대한 환상으로 인해 발생하는 정치 영역에 대한 무지 때문에 손쉽게 다른 것**

발표하자, 이에 저항하는 학생들이 12월에 학교 건물을 점거했다. 주 방위군과 경찰이 출동하여 수백 명의 학생을 연행하면서 점거 시위대를 해산시켰고, 학생들은 동맹휴학으로 맞섰으며 교수들이 학생들을 지지했다. 이에 대학 이사회가 총장을 사퇴시키고 학생들의 의견을 수용했다.(옮긴이)

으로 바뀐다. 자신들의 사회에 대한 '추상적' 반감은 가장 눈에 띄는 자기 사회의 적들, 즉 소위 사회주의적 관료주의 체제인 중국 혹은 쿠바를 숭배하고 지지하게 만든다. '청년 재생 운동'*과 같은 집단은 국가에 사형을 선고하는 동시에 현대의 가장 거대한 관료 체제인 마오쩌둥의 중국에서 조직된 '문화혁명'을 찬양한다. 절반 정도만 자유로운 조직과 위험하지 않은 강령, 선언 내용의 결핍에 의해서 그들은 언제나 '집단 역학'이라는 이데올로기 속으로 혹은 비밀 조직의 폐쇄적인 세계 속으로 되돌아간다. 광범위한 마약 소비는 현실의 비참을 표출하는 행위이자 이런 현실에 대한 항의이다. 이 같은 소비는 자유가 없는 세계 내부에서의 허위적인 자유의 추구이고, 종교를 극복한 세계에 대한 종교적 비판이다. 특히 저항하는 청춘의 우파인 비트족들 사이에서 이데올로기에 대한 거부와 선禪, 정신주의, '신교회'의 신비주의, 그리고 간디주의나 인본주의 같은 다른 낡아빠진 것들의 가장 환상적인 미신을 수용하는 온실이 발견되는데, 이는 우연이 아니다. 혁명적 강령을 추구함으로써 미국의 대학생들은 '프로보'들과 동

* 1964년 8월에《청년 재생 운동Resurgence Youth Movement》이란 제호의 기관지를 창간 배포한 미국의 아나키즘 좌파 청년운동 조직을 의미한다.(옮긴이)

일한 실수를 저지르며 스스로를 "사회에서 가장 착취받는 계급"이라고 주장한다. 그들은 지금부터라도 자신들이 보편화된 억압과 상품 노예제를 감내하는 모든 이들과 구별되는 이해관계를 지니고 있지 않다는 점을 깨달아야만 할 것이다.

동유럽에서도 관료주의적 전체주의는 이를 부정하는 세력들을 생산하기 시작하고 있다. 청년들의 저항은 그곳에서 특히나 격렬하다. 이 저항은 전체주의의 다양한 통치 기관들 혹은 경찰이 청년들을 억제하기 위해서 사용하는 조처들과 고발들에 의해서만 알려진다. 우리는 청년의 한 분파가 더 이상 가장 가증스러운 부르주아적 형태로 존재하는 도덕과 가족 질서를 '존중'하지 않으며, '방탕함'에 몰두하고, 노동을 경멸하고, 더 이상 당이 통제하는 경찰에 복종하지 않는다는 것을 알게 된다. 소련은 집단적 저항을 억누르기 위해 특별히 담당 장관을 임명한다. 그러나 이처럼 확산된 저항과 함께 더욱 정교해진 저항이 나타나고 있으며, 저항 집단들 혹은 소규모 비밀 잡지들이 경찰 억압의 정도에 따라서 출현하기도 하고 사라지기도 하고 있다. 가장 중요한 사실은 폴란드 청년들인 쿠론Jacek Kuron과

모젤레프스키Karol Modzelewski가 쓴《폴란드 노동당에 보내는 공개서한》이 출판된 점이다. 이 서한에서 그들은 "현재의 사회관계들과 생산관계의 폐지" 필요성을 명확하게 제기했고 이를 위해서 "혁명이 불가피하다"고 강조했다. 현재 동유럽 국가들의 지식인은 노동자들이 동베를린에서, 바르샤바에서, 부다페스트에서 구체화한, 관료 계급의 권력에 대한 프롤레타리아의 비판을 자각하고 있다. 그리고 이러한 비판의 이유들을 명확하게 공론화하려고 시도한다. 이러한 저항은 실질적인 문제제기와 동시에 문제의 해결책까지 제시해야 한다는 어려움으로 인해서 난항을 겪고 있다. 다른 국가들에서는 목적이 명확하지 않아도 운동이 가능하지만, 동유럽의 관료주의 아래에서는 저항이 환상을 품지 않아야 하고 목적을 분명히 공개해야 한다. 저항을 위해서는 그것의 구현 형태들을 창조하고, 그곳에 도달하는 길을 열어야 하는 것이 관건이다.

영국 청년들의 저항은 반핵운동 속에서 최초의 조직화된 표현을 찾아냈다. '100인 위원회'*의 애매모호한 프

---

* 100인위원회는 1960년에 영국에서 결성되어 1968년까지 활동한 비폭력 반핵 평화운동 단체이다. 창립 발기인으로 버트런드 러셀(Bertrand Russell,

로그램 주변에 결합된, 30만 명의 시위대를 결집시킬 수 있었던 이 같은 부문 투쟁은 1963년 봄 RSG-6* 스캔들과 함께 자신의 가장 아름다운 행적을 완수했다. 이 투쟁은 전망의 결핍 탓에 전통적인 정치 분파로, 혹은 양심적인 평화주의자로 전향한 채 쇠퇴할 수밖에 없었다. 하지만 영국의 특성인 일상생활의 통제라는 시대에 뒤떨어진 면모는 밀려오는 현대세계의 물결을 막아낼 수 없었고, 세속적 가치들의 가속화된 해체는 삶의 양식의 모든 측면에 대한 비판** 속에서 근본적으로 혁명적인 경향들을 발생시킬 수 있었다. 청년의 요구는 세상에서 가장 투쟁적인 이들 가운데 하나인 노동계급의 저항과 노조 전임자를 지켜내기 위한 저항, 그리고 전투적 파업에 합류해야만 하며, 투쟁의 승리는 오로지 공동의 전망 속에서만 추구될 수 있을 것이

1872~1970) 등 지식인 100명이 서명했기에 이 같은 명칭으로 불렸다.(옮긴이)
* 반핵운동 투사들이 정부 요원들만 알 수 있는 특급 비밀인 핵전쟁 대피소를 발견해 대중에게 공개하고 침입한 곳이다. / RSG는 핵전쟁을 대비하기 위한 영국 '정부의 지방 안전가옥Regional Seat of Government'의 약자이고 6은 고유 숫자이다. 잉글랜드 남부 버크셔 주의 레딩 근처에 위치한 곳으로 1963년 반핵운동가들이 침입하여 핵전쟁 사후 매뉴얼 등을 발견해 일반에 공개했다.(옮긴이)
** 여기서 고려하고 있는 것은 잡지 《히트웨이브Heatwave》이다. 이 잡지는 점점 엄격해지는 급진주의로 나아간 것으로 보인다. 이 잡지사의 주소는 영국의 13 Redcliffe Rd., London, SW 10이다. / 런던에서 1966년 7월에 창간된 잡지로 영미권의 전위 예술가들과 급진적 노동운동의 결합을 추구했다.(옮긴이)

다. 권력을 획득한 사회민주주의의 몰락*은 오직 청년과 노동계급의 동맹을 통해서만 다시 기회를 잡을 수 있다는 것을 보여준다. 이 같은 동맹이 가져올지도 모르는 폭발력은 암스테르담에서 확인했던** 모든 것에 비해 더욱 훌륭한 대안이 될 것이다. 도발적인 폭동은 이러한 동맹 앞에서는 단지 어린애 장난에 불과할 것이다. 그 지점에서 오직 진정한 혁명운동이, 실천의 필요성에 대한 응답인 진정한 혁명운동이 탄생할 수 있을 것이다.

일본은 산업 선진국들 가운데서 청년 학생과 전위적인 노동자들의 결합이 이미 현실화된 유일한 나라이다.

유명한 혁명적 학생 조직인 '전일본학생자치회총연합

* 영국에서 1945년부터 51년까지 집권한 애틀리(Clement Attlee, 1883~1967) 정부 이후 13년 만인 1964년에 재집권한 노동당의 해럴드 윌슨(Harold Wilson, 1916~1995) 정부가 막 시작되고 있던 경제 침체기에 노동자들의 이익을 옹호하는 진보정치를 제대로 실현하지 못한 것을 의미한다.(옮긴이)
** 암스테르담에서 1966년 6월에 정점에 달했던 노동자와 학생들의 대규모 반체제 저항 시위를 의미한다. 프로보를 포함한 좌파 조직들의 베트남전쟁 반대 시위 도중 노동자 한 명이 사망했는데, 심장마비가 공식 사인이었으나 시위를 진압한 경찰의 폭력에 의해 사망한 게 아닌가 하는 의구심이 생겨났다. 이에 노동자들과 좌파 조직들, 학생들이 경찰에 대한 대규모 항의 시위를 지속적으로 전개했고, 매주 수백여 명이 경찰에 체포되었으나 시위가 더욱 격화되자 시경찰청장이 사임하면서 상황이 진정되었다.(옮긴이)

全學連'과 '마르크스주의 청년노동자동맹'은 모두 '혁명적 공산주의자동맹'*을 지향하며 결합한 주요 조직이다. 이 동맹은 이미 혁명 조직의 문제를 스스로 제기하기에 이르렀다. 이 동맹은 동시에 그리고 환상 없이 서방 자본주의와 소위 사회주의국가들의 관료주의에 대항해 투쟁하고 있다. 동맹은 이미 민주적이고 반위계적인 기반 위에서 조직화된, 그리고 모든 조직 활동에 대한 전체 구성원들의 참여 위에 조직화된, 수천 명의 학생들과 노동자들을 결합시킨다. 즉 일본의 혁명가들은 대중의 광범위한 참여와 함께 선진적 프로그램을 따르는 조직화된 대규모 투쟁을 전개하고 있는 세계적인 선두주자들이다. 수천 명의 노동자들과 학생들이 끊임없이 거리로 쏟아져 나왔고, 일본의 경찰에 폭력으로 맞서 싸웠다. 하지만 혁명적 공산주의동맹은 확고하게 투쟁을 전개함에도 불구하고, 시스템을 완벽하게 그리고 구체적으로 설명하지는 못한다. 동맹은 현대 자본주의의 특성들을 함축적으로 공식화하는 데에 아직 도달하지 못했으며, 관료주의적 착취, 일상생활 비판 그리

* 일본 도쿄 나카노구中野區 나카노 에키마에中野驛前 3, KAIHOSHA c/o Dairyuso. 전학련은 도쿄 치요다구千代田區 칸다 진보초神田 神保町 2-10, 히로타 빌딩.

고 스펙터클에 대한 비판에 대해서도 명확히 정의하려는 시도만 하고 있을 뿐이다. 혁명적 공산주의동맹은 본질적으로 고전적인 프롤레타리아의 조직에 머무른다. 이 동맹은 현재 세계에서 가장 중요한 혁명 조직인데, 이제부터는 세계 프롤레타리아의 새로운 혁명적 비판을 위한 토론과 결집 지점들 가운데 하나가 되어야만 할 것이다.

3장

아무것도
되돌릴 수 없게 할 상황을
창조하자

"전위가 된다는 것은 현실의 발걸음으로 행군하는 것이다."* 현대세계에 대한 급진적 비판은 이제 총체성을 대상이자 목적으로 삼아야 한다. 이 비판은 세계의 진정한 과거와 현재 상태 그리고 세계의 변화 전망에 확실하게 집중해야 한다. 현재 세계의 모든 진실을 말하려면, '무엇보다' 세계의 총체적 전복 계획을 구성하려면 세계의 모든 '감춰진 역사'를 '드러낼' 수 있어야만 한다. 다시 말해 한 세기 이전에 서양 여러 나라의 프롤레타리아에 의해서 시작된 모든 국제 혁명운동의 역사를, 이들 운동의 '실패들'과 '성공들'을, 총체적으로 탈신비화된 방식이자 근원적으로 비판적인 방식으로 바라볼 필요가 있다. "구세계의 조직 전체에 대항한 이 운동은 이미 오래전에 끝이 났"**으며 '실패'했다. 역사적으로 보아 그 운동은 1937년 5월 바르셀로나에서 있었던 스페인 프롤레타리아 혁명의

* *Internationale Situationniste*, n. 8.
** *Internationale Situationniste*, n. 7.

실패*에서 마지막으로 표출되었다. 그런데 이 공식적 '실패들'은 공식적 '성공들'과 마찬가지로 이후의 연속성과 회복된 진실들에 의거해서 평가되어야만 할 것이다. 즉 우리는 "승리한 패배가 존재하고, 패배보다 더욱 수치스러운 승리도 존재한다"는, 카를 리프크네히트Karl Liebknecht가 암살되기 직전에 했던 말을 확신할 수 있을 것이다. 프롤레타리아 권력의 첫 번째 위대한 '패배'인 파리코뮌은 실제로는 프롤레타리아의 위대한 '승리'이다. 왜냐하면 초기의 프롤레타리아가 사회적 삶의 모든 측면을 '자유로운' 방식으로 운영하는 자신의 역사적인 능력을 확인했기 때문이다. 마찬가지로 프롤레타리아의 첫 번째 위대한 '승리'인 볼셰비키혁명은 결국에는 가장 무거운 결과를 초래한 패배에 불과하다. 볼셰비키 질서의 승리는 독일 '사회민주당'이 스파르타쿠스단의 봉기를 진압함으로써 시작되었던 국제적인 반혁명 운동과 동시에 일어났다. 볼셰비키와 반혁명 운동의 공동의 승리는 그들의 표면적인 반목보다 더욱 근원적이었다. 볼셰비키의 질서는 결국에는 단

* 당시 스페인 인민전선 내부의 스탈린주의적 친소련파와 아나키즘적 반소련파 사이의 무력 충돌을 의미한다. 스탈린주의적 관료주의 체제가 도시 주요 시설을 장악한 아나키스트 세력을 패배시켰다. 인민전선 내부의 이 같은 갈등은 우파인 프랑코 반란군이 스페인내전에서 최종적으로 승리하는 데 영향을 주었다.(옮긴이)

지 구질서의 새로운 가면이자 특이한 양상이었을 뿐이다. 러시아 반혁명의 결과는 내부적으로 '국가 관료주의적 자본주의'라는 새로운 착취 양식의 확립과 발전으로 표출되었고, 외부적으로는 볼셰비키의 모델을 수호하고 확산시키는 것을 목적으로 하는 체인점들인 소위 코민테른 지부들의 번식으로 나타났다. 부르주아적이고 관료주의적인 자신의 다양한 변이들 아래에서 자본주의는 크론슈타트 Kronstadt의 수병들, 우크라이나 농민들, 베를린, 킬, 토리노, 상하이, 그리고 이후 바르셀로나에서 노동자들의 시체를 토대로 새롭게 번창했다.*

    제3인터내셔널은 제2인터내셔널의 사회민주주의적 수정주의자들의 잔재에 맞서 싸우기 위해서 그리고 '혁명적 공산당들' 내부에서 프롤레타리아 전위를 조직하기 위해 볼셰비키가 결성한 것으로 보인다. 제3인터내셔널은

* 크론슈타트는 상트페테르부르크 근교 해군기지가 위치한 항구 도시로, 1921년 2월 수병들이 볼셰비키에 대항하여 반란을 일으켰다. 우크라이나 농민들은 1928년부터 시행된 스탈린의 집단농장화에 대대적으로 저항했다. 1918년 11월 독일 발트해의 항구 도시이자 해군기지인 킬에서 수병 반란과 이를 지지한 노동자 파업이 일어났고, 1919년 1월 베를린에서는 스파르타쿠스단 봉기가 있었다. 이탈리아 토리노에서는 1920년에 노동자들의 공장 점거 운동이 전개되었다. 상하이 노동자들은 1927년에 무장봉기를 일으켜 도시를 장악했다.(옮긴이)

자신의 창조자들에게 그리고 어느 곳에서나 '진정한 사회주의 혁명'을 실현하려는 창조자들의 이해관계에 지나치게 연동되었다. 사실상 제2인터내셔널은 제3인터내셔널의 모범이었다. 지나치게 이른 시기에 러시아의 모델이 서유럽의 노동자 조직들에게 제시되었으며, 러시아와 서유럽 노동자 조직들의 발전은 별개의 것이 아니라 하나로, 같은 것으로 간주되었다. 러시아의 프롤레타리아에 대한 새로운 지배 계급인 관료주의의 전체주의적 독재는, 서유럽 노동자 조직들 내부에서는 정치적이고 조합주의적인 관료 계층이 노동자 대중을 지배하는 형식으로 나타났다. 그런데 서유럽 노동조합 관료 계층과 노동자 대중의 이해관계는 명확하게 서로 모순된다. 스탈린주의 괴물이 노동자들의 의식에 출몰하는 동안, 관료화와 초과발전이 진행되던 자본주의는 자신의 내적인 위기들을 해결했고 결정적인 승리를 거두었노라고 자랑스럽게 주장하게 되었다. 겉으로 보기에는 상이하고 다양하지만, 하나의 단일한 사회 형태가 세계를 점령하고 있고, '구세계'의 원칙들이 우리의 '현대세계'를 계속해서 통치하고 있다. 죽은 자들은 살아 있는 이들의 머리 안에 여전히 출몰하고 있다.

현대세계의 내부에서 자칭 혁명적인 조직들은 가장 거대한 신비화를 통해서 자신의 고유한 영역에서 외견상 투쟁하고 있는 것처럼 보인다. 이러한 조직들은 모두 다소 화석이 된 '이데올로기'를 표방하지만, 결국에는 지배 질서의 공고화에 참여할 뿐이다. 노동계급이 자신의 순수한 해방을 추구하기 위해서 만든 노동조합들과 정당들은 시스템의 단순한 조정자가 되었고, 개인적인 해방을 위해서 일하는 지도자들의 사유물이 되어버렸으며, 이들 지도자들이 결코 문제를 제기할 생각을 하지 않는 사회의 지배계급 내부에서 하나의 몫을 차지하고 있다. 노동조합들과 정당들의 현실적 프로그램은 단지 '혁명적' 미사여구를 평범하게 답습하게 하고 사실상 가장 완화된 '개혁주의' 지침들을 적용하게 만들 뿐이다. 자본주의 자체가 공식적으로는 개혁적이기 때문이다. 노동조합들과 정당들은 러시아보다 더 낙후된 나라들에서 권력을 획득할 수 있었고, 이는 단지 반혁명적 전체주의라는 스탈린주의 모델*을 재생산하기 위한 것일 뿐이었다. 게다가 노동조합들과 정당들은 관료화된 자본주의 자동 조절에 필수적인, 균형을 잡

* 그것은 관료주의적 테러에 의해 가속화된 농민들의 희생을 대가로 하는 고전적인 원시적 축적을 통해 국가의 산업화를 지향함으로써 실제로 구현된다.

아주는 보완물이고* 인본주의를 내세우는 경찰을 유지하는 데 필수불가결한 모순적 대상들이다. 다른 한편으로 노동조합과 정당들은 노동자 대중과 대면하는 관료주의적 반혁명의 영속적인 보증인이자 절대적인 수호자로, 반혁명적 대외 정책을 추진하기 위한 온순한 도구로 머무른다. 본질적으로 거짓인 세계에서 노동조합들과 정당들은 가장 급진적인 거짓말의 담지자이고 경제와 국가의 보편적 독재의 영속을 위해서 활동한다. 상황주의자들이 확언하는 것처럼 "총체적인 자기 조절의 경향이 있는 보편적으로 지배적인 사회 모델은 언제나 자신의 고유한 영역에서만 제기된 거짓 저항들에 의해서 단지 외견상으로만 무너졌을 뿐이다. 저항이라는 환상은 오히려 이 모델을 강화한다. 관료주의적 유사 사회주의는 단지 위계적인 구세계가 소외된 노동을 감추는 가장 웅장한 가면들에 불과하다."** 학생 조합주의는 단지 타락한 조합주의의 우스꽝스럽고 쓸모없는 반복, 희화화의 희화화에 불과하다.

---

* 프랑스에서는 1945년 이래로 소위 공산당이 권력을 획득하려고 시도하지 않았다. 이는 소위 붉은군대가 진입하지 않았던 모든 선진국에서도 마찬가지였다.

** "Les luttes de classes en Algérie", *Internationale Situationniste*, n. 10.

모든 혁명적 미래 조직들은 기초에서부터 온갖 형태의 스탈린주의를 이론적·실천적 차원에서 폐기해야만 한다. 예를 들어 경제적 지체가 위기에 대한 인식을 늦추고 있는 프랑스에서, 혁명운동은 오로지 파괴된 스탈린주의의 폐허 위에서만 다시 태어날 수 있을 것이라는 점이 명확하다. 스탈린주의의 해체는 선사시대 '마지막' 혁명의 '카르타고를 멸망시키는'* 것이 되어야만 한다.

혁명 자체는 자신의 고유한 선사시대와 '완전히' 단절해야만 하고, 미래에서 자신의 모든 시학을 끌어와야만 한다. 좌파의 다양한 소집단들 내부에서 '전투주의'의 촌극을 연출하는 '되살아난 볼셰비키들'**은 과거의 악취에 속하며 결코 어떤 방식으로든 미래를 예고할 수 없다. '배반당한 혁명'의 거대한 난파선의 잔재들인 이들은 스스로를 볼셰비키 교리의 충실한 담지자라고 내세운다. 소련에 대

* 로마가 서부 지중해 패권을 차지하기 위해 해상무역 왕국 카르타고와 치른 포에니전쟁(기원전 264~기원전 146) 기간에 정치가인 카토(Marcus Porcius Cato, 기원전234~기원전149)가 원로원에서 연설하면서 사용한 표현이다. 카르타고가 다시는 재기하지 못하도록 철저히 파괴해야 한다는 점을 강조했고, 실제로 로마는 고대 카르타고 문명을 완전히 파괴했다. 이후 서양에서 철저한 파괴를 뜻하는 관용어가 되었다.(옮긴이)
** 트로츠키주의자들을 의미한다.(옮긴이)

한 옹호는 그들의 불퇴전의 신념이며, 혁명에 대한 논란을 불러일으킬 배신행위이다.*

　스스로 이론적 미발전 상태를 확인한 널리 알려진 저개발 국가들에서 그들은 겨우 환상을 유지할 수 있었다.** 스탈린주의자들과 트로츠키주의자들의 통합 기관지인 《파르티잔Partisans》부터 '제4인터내셔널'*** 안팎에서 '트로츠키'를 두고 서로 싸우는 모든 분파들과 미처 분파가 되지 못하고 절반 정도의 분파에 해당하는 집단에 이르기까지, 혁명지상주의의 동일한 '이데올로기'가, 현대세계의 문제들을 이해하지 못하는 이론적·실천적으로 동일한 무능력이 지배하고 있다. 40년 동안의 반혁명의 역사는 이들을 혁명에서 멀어지게 만들어버렸다. 지금이 1920년이

---

* 트로츠키가 러시아혁명의 주역이었기에 트로츠키주의자들은 혁명으로 탄생한 소련을 옹호한다. 다만 스탈린이 집권하면서 소련이 '혁명을 배반한 국가자본주의 체제'로 변질되었다고 주장한다. 상황주의자들은 트로츠키주의자들이 소련을 옹호하는 것을 러시아혁명 당시 노동자들의 해방과 혁명에 대한 의지와 열정을 배신하는 행위로 간주한다.(옮긴이)

** 알제리에서의 그들의 역할에 대해서는 다음을 참고하라. "Les luttes de classes en Algérie", *Internationale Situationniste*, n. 10.

*** 제4인터내셔널은 트로츠키주의 공산주의자들의 국제 조직으로 1938년 파리에서 창립되었다. 코민테른인 제3인터내셔널의 스탈린주의로는 국제 노동계급의 혁명을 추구할 수 없다고 생각한 트로츠키와 반스탈린주의적 마르크스주의자들이 조직했다.(옮긴이)

아니므로 그들은 잘못을 저지르고 있는 것이며, 이미 1920년에도 그들은 잘못을 저질렀다.* '사회주의냐 야만이냐' 같은 '극좌' 집단이 '카스토리아디스Cornelius Castoriadis를 따르는 근대주의자'와 《노동자 권력Pouvoir Ouvrier》의 '구마르크스주의자'라는 두 개의 분파로 분리된 후 해체된 것이 필연이었다면, 이는 혁명이 근대를 벗어나서는 존재할 수 없을뿐더러 재창조에 대한 혁명적 비판을 벗어난** 근대적 사상도 있을 수 없음을 증명한다. 이런 맥락에서, 이 두 측면이 완전히 분리되어 완수된 혁명적 선사시대의 박물관 안으로 돌아가거나, 권력의 근대성 속으로, 즉 지배적인 반혁명 속으로 되돌아가는 것은 의미심장하다. 잡지 《노동자의 목소리Voix Ouvrière》나 《논증》으로 되돌아가는 것도 마찬가지다.

　　다양한 '아나키스트' 소그룹들에 대해 말해보자면, 이

* 1920년 볼셰비키 9차 전당대회에서 내전으로 야기된 경제 위기를 타개하기 위해 노동력 동원을 결정했다. 이에 따라 노동자들의 파업이나 무언가를 요구하는 행위는 불복종으로 간주되었다. 이 논의 과정에서 소수파였던 콜론타이(Aleksandra Kollontai, 1872~1952)는 노동조합의 자율성을 옹호했으나, 레닌과 트로츠기 등 다수파는 노동조합에 대한 국가와 당의 지도를 강조했다. 트로츠키는 프롤레타리아혁명으로 탄생한 소련에서는 노동조합이 일종의 국가기구여야 한다고 주장했다.(옮긴이)
** *Internationale Situationniste*, n. 9.

같은 명칭에 집단적으로 갇힌 그들은 하나의 단순한 규칙으로 축약된 이데올로기만을 가지고 있다. 분명히 '학생들'에 의해 제작되는 믿을 수 없는 잡지《자유지상주의 세계Monde Libertaire》는 혼동과 멍청한 짓이라는 면에서 환상적인 수준까지 도달했다. 그들은 서로 서로를 용인하기 때문에 '궁극적으로 모든 것을 허용'한다.

자신의 영속적인 근대화를 자랑하는 지배적인 사회는 자신이 생산해낸 근대화의 부정에 대해서 이제 다음과 같이 말해야만 한다.* "죽은 이들에게 자신의 시체를 묻고 스스로 애도하도록 만들자." 역사적 운동의 실천적인 탈신비화는 유령들이 출몰하는 혁명적 의식을 제거한다. 일상생활의 혁명은 혁명이 완수해야만 하는 거대한 과업들과 마주하게 된다. 혁명은 그것이 예고한 삶처럼 재창조되어야만 한다. 만약 혁명적 기획이 계급사회의 폐지와 근본적으로 동일한 것이라면, 그것은 혁명적 기획을 발생시켰던 조건들이 결코 어느 곳에서도 급진적으로 변화하지 않았다는 것을 의미한다. 그것은 혁명이 단편적으로 현실화

* "Adresse aux révolutionnaires", *Internationale Situationniste*, n. 10.

됨으로써 사회가 새로 분열되는 사태가 야기되지 않도록, 급진주의와 함께 그리고 이 기획의 옛 운반자들의 실패 경험을 통해서 축적된 연속성과 함께 혁명적 기획을 다시금 확산시켜야 한다는 것을 의미한다.

　권력과 새로운 프롤레타리아 사이의 투쟁은 오직 총체성의 측면에서만 존재할 수 있기에, 미래의 혁명운동은 '상품 시스템'*의 소외된 산물들을 재생산하려는 모든 것을 자신의 내부에서 파괴해야만 한다. 동시에 이 운동은 생동감 넘치는 비판이어야만 하고, '초월'을 가능하게 해 줄 모든 요소들을 동반한 부정이어야만 한다. 볼셰비키 당이라는 잘 맞지 않는 대상에 적용하긴 했지만 게오르크 루카치György Lukács가 정확하게 파악한 것처럼, 혁명 조직은 이론과 실천 사이에서, 인간과 역사 사이에서, 노동자 대중과 '계급으로 뭉친' 프롤레타리아 사이에서 필요한 중재자이다. '이론적인' 경향들과 차이들이 저마다 현실화를 원한다면, 즉각 조직의 문제로 전환해야만 한다. 조직의 문제는 새로운 혁명운동에 대한 최후의 심판이 될 것이고,

* 이는 노동 상품의 우위에 의해 규정되는 시스템이다.

심판자들은 20세기 프롤레타리아 혁명의 경험을 통해서 어렴풋이 나타났었던 '절대 권력을 지닌 노동자평의회의 국제적 현실화'가 조직의 일관된 핵심 기획인지를 판단할 것이다. 이 같은 조직은 우선 자신이 맞서 투쟁하는 사회의 모든 구성요소에 대해서, 즉 상품 생산, 모든 가면들 아래에 감추어진 이데올로기, 국가 그리고 국가가 부여한 분리들에 대해서 급진적인 비판을 가해야만 할 것이다.

이전의 혁명운동을 좌초하게 만든 암초는 이론과 실천의 분리였다. 오직 프롤레타리아 투쟁의 최절정기만이 이러한 분리를 뛰어넘어 자신만의 '진실'을 회복했다. 어떠한 조직도 여전히 로도스 섬에서 '뛰지'* 못하고 있다. '이데올로기'는 그것이 아무리 '혁명적'이라 할지라도 가면을 쓴 적을 지목하는 '경고 신호'이기에, 계속해서 지배

---

* 고대 그리스인 이솝의 《우화》에 나오는 "여기가 로도스 섬이다. 여기서 뛰어보아라!Hic Rhodus, hic salta!"라는 라틴어 표현에서 유래한 말이다. 자신이 로도스에서 대단한 높이뛰기를 했다고 자랑하는 허풍선이에게 지금 여기가 로도스 섬이라고 생각하고 한번 뛰어보라고 했다는 이야기로, 말만 앞세우고 실천을 하지 않는 이들을 빗댄 표현이다. 헤겔이 《법철학》에서 "여기 장미가 있다. 여기서 춤을 추어라Hier ist die Rose, hier tanze!"라는 독일어로 라틴어 원 표현을 일부 비틀어 표현했고, 마르크스는 자신의 어떤 글에서는 헤겔처럼, 다른 글에서는 이솝의 원 표현처럼 사용했다.(옮긴이)

자들에게 봉사하기도 했었다. 이것이 이데올로기 비판이 최종 분석에서 혁명 조직의 핵심 문제가 되어야만 하는 이유이다. 오로지 소외된 세계만이 거짓을 생산한다. 이 거짓은 '사회적 진실'을 지녔다고 주장하는 조직의 내부에서 나타날 것이다. 이 조직이 본질적으로 거짓인 세계에서 또 하나의 거짓으로 스스로 변화하지 않는다면 말이다.

노동자평의회의 절대 권력을 구현하려는 혁명 조직은 이 권력의 모든 긍정적 측면들을 드러내는 중심지가 되어야만 한다. 또한 이 조직은 레닌주의 조직 이론에 맞서는 사생결단의 투쟁을 주도해야만 한다. 1905년 혁명 그리고 소비에트라는 러시아 노동자들의 자발적인 조직은 이미 이 같은 해로운 이론에 대한 행동하는 비판이었다.* 그런데 볼셰비키 운동은 노동자들의 자발성이 '노동조합주의' 의식을 넘어설 수가 없으며 '총체성'을 획득할 수 없다는 믿음을 고집했다. 이는 당이 혁명의 '수뇌부'를 차지하기 위해서 프롤레타리아의 목을 치는 것과 같았다. 미래

* 로자 룩셈부르크가 한 이론적 비판을 따른다. / 레닌은 전위 활동가들의 선도와 지도에 따른 노동자의 의식화와 조직화를 강조한 반면, 로자 룩셈부르크는 노동자들의 자발성을 중시했으며, 1905년 러시아혁명에서 노동자들의 자발성이 전면에 드러났다고 인식했다.(옮긴이)

사회를 총체적으로 관리할 프롤레타리아의 능력을 의심하지 않았더라면, 레닌이 냉혹하게 그랬던 것처럼 스스로를 해방시킬 프롤레타리아의 역사적 능력에 의문을 제기할 수 없었을 것이다. 이 같은 시각에서 "모든 권력을 소비에트로"라는 슬로건은 당이 소비에트를 장악하고, 무장한 프롤레타리아에 의해 몰락해가는 '국가'의 자리에 당의 국가를 출범시키는 것만을 의미했다.

그럼에도 불구하고 이 슬로건은 그 안에 담긴 볼셰비키의 의도를 제거해가면서 급진적으로 채택되어야만 한다. 프롤레타리아는 오직 세계 '전체'를 획득하기 위해서 혁명이라는 '놀이'에 몰두할 수 있을 뿐이며, 그렇지 않으면 아무것도 할 수 없다. 프롤레타리아 권력의 유일한 형태인 '보편화된 자주관리'는 결코 다른 세력과 공유될 수가 없다. 이것은 모든 권력의 효과적인 해체를 의미하기 때문에, 지리적 혹은 그 밖의 어떠한 예외도 허용할 수 없을 것이다. 이것이 중재를 수용한다면, 이는 즉시 타협이나 포기로 변해버릴 것이다. "자주관리는 동시에 현재 투쟁의 수단이자 목적이 되어야만 한다. 자주관리는 단지 투쟁의 목표일 뿐만이 아니라 투쟁에 적합한 형태이다. 자주관리는 스스로 자신이 작동하는 이유와 자신의 고유한 전제를 옹호한다."*

　　세계에 대한 단일한 비판은 혁명 조직의 일관성과 진실을 보증한다. 세계의 어느 한 지점에서 억압 시스템들의 존재를, 이들이 예를 들어 '혁명적' 유물을 보유하고 있기 때문에 허용하는 것은 억압의 정통성을 승인하는 것이나 다름없다. 마찬가지로 비판이 사회적 삶의 어느 한 영역에서라도 소외를 허용한다면, 이것은 모든 물신화의 필연성을 승인하는 것이다. 노동자평의회의 추상적 권력을 옹호하는 것만으로는 충분하지 않다. 오히려 비판을 통해 상품 생산의 소멸 그리고 결과적인 프롤레타리아의 소멸이라는 구체적인 의미를 제시해야만 한다. '상품 논리'는 현재 사회의 최초이자 최종적인 합리성이며, 겉으로 보기에는 매우 다르게 보이지만 실제로는 동질적인 많은 조각들로 이루어진 퍼즐과 비견되는 이 사회의 총체적 자기 조절의 기반이다. 상품 물신화는 총체적 해방과 삶의 자유로운 구성에 저해되는 '본질적인' 장애물이다. 상품 생산의 세계에서 실천은 자율적 방식으로 결정된 목적을 위해서는 작

* "Les luttes de classes en Algérie", *Internationale Situationniste*, n. 10.

동하지 않고, 오히려 외부적인 힘들의 지시 아래에서 작동한다. 그리고 만약 경제법칙들이 특별한 종류의 자연법칙으로 보인다면, 이것은 경제법칙들의 힘이 오로지 '그것들에서 이득을 얻는 이들의 양심의 부재'에 의존한다는 사실을 의미한다.

상품 생산의 원칙은 자신의 창조자에게서 완전히 벗어나는 세계를 무질서하고 무의식적으로 창조하면서 자기 자신을 상실하는 것이다. 이와는 반대로 보편화된 자주관리의 급진적으로 혁명적인 핵심은, 모든 이들이 삶 전체를 의식적으로 운영하는 것이다. 상업적 소외에 대한 자주관리는 단지 모든 사람들을 자기 생존 프로그램 기획자로 만드는 일인데, 이것은 난해한 문제이다. 따라서 노동자평의회의 과업은 존재하는 세상에 대한 자주관리가 아니라 자신의 끊임없는 질적 변화이며, 이는 바로 인간의 자기 생산으로부터의 거대한 우회인 상품 체계의 구체적인 초월이다.

이 초월은 자연스럽게 '노동'의 제거와 이를 대체하는 새로운 유형의 자유로운 활동을 의미한다. 따라서 갈수록

물화되는 노동과 수동적으로 소비되는 여가 사이에 존재했던 현대사회의 근본적인 분리들 가운데 하나를 폐지하는 것을 의미한다. 노동자 권력이라는 근대적 지침으로 결집했음에도 불구하고 오늘날 와해되고 있는 '사회주의냐 야만이냐' 또는 '노동자 권력' 같은 소규모 집단들*은, 바로 이 핵심 지점에서 노동 개혁주의와 노동의 '인간화'라는 길 위에 있는 과거의 노동운동을 계속해서 뒤따르고 있다. 오늘날 목표로 삼아야 하는 것은 노동 그 자체이다. '유토피아'와는 거리가 먼 노동의 제거가 상품사회를 효과적으로 초월하기 위한, 또 각자의 일상생활에서 '노동시간'과 '여가' 사이에 존재하는 분리를 폐지하기 위한 첫째 조건이다. 노동시간과 여가는 상품의 사용가치와 교환가치 사이의 내재적 모순이 투영되는 소외된 삶을 보충해주는 영역들이다. 오로지 이 같은 모순을 넘어선 곳에서, 인간은 자신들의 활기 넘치는 활동을 자신들의 의지와 의식의 대상으로 만들 수 있을 것이며, 스스로 창조해낸 세계에서

* 이와 반대로 ICO 같은 집단은 어떠한 조직체 구성이나 하나의 일관된 이론도 스스로 금지했기에 존재하지 않는다는 비난을 받았다. / ICO는 프랑스 아나키스트 운동 세력들의 회람 소식지로 1958년에 창간되어 1973년에 발간이 중단된《노동자 정보들과 서신들Informations et correspondances ouvrières》의 약자이다.(옮긴이)

스스로의 모습을 응시할 수 있을 것이다. 노동자평의회의 민주주의는 현재의 모든 분리에 대한 해결책이다. 그것은 "개인들의 외부에 존재하는 모든 것의 생존을 불가능하게" 만들어버린다.

역사를 만드는 인간이 역사를 의식적으로 지배하는 것이 바로 모든 혁명적인 기획이다. 근대 역사는 모든 과거 역사와 마찬가지로 사회적 실천의 산물이고, 모든 인간 활동의 무의식적 결과이다. 자본주의는 자신의 총체적인 지배의 시대에 '스펙터클'이라는 자신의 새로운 종교를 만들어냈다. '스펙터클'은 '이데올로기'를 지상에서 구현하는 것이다. 세상은 머리 위 하늘에서는 결코 잘 돌아가지 않는다. "그리고 '종교 비판'과 마찬가지로 스펙터클에 대한 비판은 오늘날 모든 비판의 첫째가는 조건이다."*

'혁명'의 문제는 역사적으로 인간성에 근거한다. 기술적·물질적 수단들은 나날이 증가한다. 이러한 축적은 갈수록 심화되는 모두의 불만족과 상응한다. 부르주아지와

* *Internationale Situationniste*, n. 9.

그의 동유럽 후계자인 관료주의는 미래의 '시학'에서 기초가 될 초과발전의 사용법을 알 수 없을 것이다. 왜냐하면 단지 부르주아지와 관료주의는 모두 '구질서의 유지'만을 위해 활동하기 때문이다. 부르주아지와 관료주의는 기껏해야 경찰력 사용이라는 비밀을 지닌다. 이 둘은 오로지 '자본'을 축적하고, 이에 따라 '프롤레타리아'를 축적한다. '프롤레타리아'는 자신의 삶의 용도에 대한 어떠한 권한도 가지고 있지 않으며 그 사실을 알고 있다. 새로운 프롤레타리아의 역사적 기회는 인류가 자연에 그리고 인간 본성에 대해 총체적인 전유를 추구한다는 의미에서, '부르주아 세계'에서는 무가치한 부를 변형하고 초월하는 유일한 합리적 상속자가 되는 것이다. 인간 '본성'의 이 같은 현실화는 '실제적 욕망'의 무한증식과 끝없는 만족에 의해서만 오로지 의미를 가질 수 있을 것이다. 스펙터클이 실제 욕망을 혁명적 무의식의 먼 영역에 가두어버렸으며, 스펙터클은 이를 광고에 의한 몽환적 착란 속에서 환상적인 방식으로만 현실화할 수 있다. 그렇기에 실제 욕망들의 효과적인 현실화는, 다시 말해 모든 거짓 수요와 시스템이 자신의 권력을 영속시키기 위해서 일상적으로 창조하는 욕망들을 폐지하는 것은, 상품 스펙터클을 제거하는 긍정적 초월을 통해서만 실현할 수 있을 것이다.

　오로지 역사가 억압한 세력만이 근대 역사를 자유롭게 할 수 있고, 역사의 무수한 획득물들도 자유롭게 활용할 수 있을 것이다. 그 세력은 바로 자신들 활동의 조건과 의미, 그리고 그 생산물에 대한 권력을 지니지 못한 노동자들이다. 이미 19세기에 철학의 상속자였던 프롤레타리아는 여기에 더해 근대 예술과 일상생활에 대한 최초의 의식적 비판의 상속자가 되었다. 프롤레타리아는 예술과 철학을 동시에 현실화해야만 스스로 소멸할 수 있을 것이다. 세상을 변화시키고 삶을 바꾸자는 것은 프롤레타리아에게는 하나이자 동일한 떼어놓을 수 없는 지침이며, 계급으로서의 프롤레타리아의 소멸, 궁핍함이 지배적인 현재 사회의 해체, 그리고 궁극적으로 가능한 자유의 통치에 도달할 때까지 함께할 지침이다. 급진적 비판과 소외된 현실이 부과한 모든 행동들과 가치들의 자유로운 재구성이 프롤레타리아의 최대 강령이고, 삶의 모든 순간과 사건들의 구성 속에서 해방된 창조성이 승인할 수 있는 유일한 '시', 모두에 의해 쓰인 시poésie faite par tous*이며 혁명적 축제의 시작이다. 프롤레타리아 혁명은 오로지 '축제'일 뿐이다.

왜냐하면 혁명들이 안내할 삶 자체가 축제의 신호 아래에서 창조될 것이기 때문이다. '놀이'는 이러한 축제의 궁극적 목적이며, 승인할 수 있는 유일한 규칙들은 무의미한 시간 없이 살아가기 그리고 제한 없이 향유하기이다.

---

* 19세기 프랑스 시인 로트레아몽(Lautréamont, 1846~1870)의 유명한 시 구절 "시는 모두에 의해 쓰여야 한다, 한 사람에 의해서가 아니라"에서 가져온 표현이다.(옮긴이)

프랑스
68운동의 신호탄

68운동의 축제성과 상황주의자 인터내셔널

1960년대 지구촌 곳곳에서 펼쳐진 청년들의 기존 질서에 대한 저항의 정점은 68운동이었다.[1] 저항은 미국과 서유럽의 '풍요로운 사회'에서도, 스탈린주의적 관료주의가 지배하던 소련과 동유럽에서도 그리고 아시아와 라틴 아메리카 각지에서도 '비동시성의 동시성'을 띠며 다양하게 펼쳐졌다. 그런데 당대인들에게 그리고 후인들에게도 '저항의 시대'였던 1960년대와 그 정점이었던 68년의 상징은 프랑스의 5월 운동으로 각인되었다. "대서양 양쪽 모두에서 두려움과 매혹 속에서 바라보았던" 프랑스의 68년 5월은 "1968년의 정점이자 1968년이 대변했던 모든 것"이었다.[2]

프랑스의 68년 5월은 왜 이 같은 상징성을 갖게 되었을까? 이 질문에 대해서는 네 가지 정도로 답할 수 있을 것이다.

첫째, 68년 5월 파리를 비롯한 주요 도시에서 프랑스 학생들은 다른 어떤 국가의 학생들보다도 대규모로 응집력 있게 기존 질서에 저항했다. 어느 나라에서나 소수의 전위적인 학생 정치조직이나 학생회 활동가들이 저항을 촉발했지만, 프랑스에서는 활동가들만이 아니라 대다수의 대학생들, 심지어는 고등학생들까지 거리에 나서 19세기 도시 민중봉기를 상징했던 '바리게이드'를 쌓으며 대대적으로 저항에 참여했다.

둘째, 학생 저항에 연대를 표명한 노동자들의 자발적인 총파업이 전국적으로, 그것도 파업 참가자 누적 인원이 900만~1,000만 명에 달할 정도로 대규모로 전개되어 기존 체제를 심각한 위기에 빠뜨렸다.[3] 이 같은 대규모 노학연대는 다른 어떤 곳에서도 찾아볼 수 없었다.

셋째, 프랑스의 68년 5월은 '상상력에게 권력을', '금지하는 것을 금지한다', '지루함은 반혁명이다' 등의 슬로건이 표상하듯 자유로운 축제였다. 이는 이전의 어떠한 정치적·사회적 운동이나 저항과는 다른 새로운 형태였다. 물론 다른 지역의 저항들에도 축제 요소가 있었으나, 대학과 거리 곳곳의 낙서, 유인물, 포스터 등을 통해서 일상의 새로운 문화적 욕구를 대대적으로 표출한 프랑스의 사례

는 단연 돋보였다.[4]

넷째, 68년 당시 집권 10년차이던 권위주의적인 드골 (Charles de Gaulle, 1890~1970) 대통령이 1년 후에 하야하는 데 간접적으로 영향을 미쳤다. 68년 5월의 저항을 잠재우기 위해 의회를 해산했고 이로 인하여 실시된 새로운 총선에서 압승을 거두면서, 드골은 5월의 나날들 속에서 좌파 정치인들이 임시정부 구성을 논의했을 정도로 심각했던 체제의 위기를 넘겼다. 하지만 이듬해 1969년 4월 상원 조직 개혁과 지방분권에 관한 정책이 국민투표에서 불신임되자 대통령직에서 물러났다. 68년 총선에서는 사회 혼란을 진정시키려고 집권 세력에 표를 몰아준 프랑스인들이 어느 정도 사회 질서를 회복한 69년 국민투표에서는 68년의 목소리였던 권위주의 체제에 대한 반대를 표로 표출한 것이다.

68년 프랑스를 68년 지구촌 곳곳에서 펼쳐진 청년 저항의 상징으로, 더 넓게는 60년대 저항의 상징으로 만들었던, 서로 연동된 이들 특성 중에서 보다 주목해야 하는 것은 축제성이다. 흔히 프랑스의 68년 5월의 저항을 가리켜 "예상된 유형과는 다른 것이었고, 아무런 경고 없이 세상에 나타났다"[5]고 얘기한다. 그런데 축제와도 같은 새로운 유형의 저항이 "경고 없이" 나타난 것은 아니었다.

68년 이전에 프랑스에는 다양한 '좌파주의자gauchistes'[6] 전위 집단이 존재했고, 66년 말부터 이들의 주장과 영향력이 학생들 사이에서 확산되고 있었다. '좌파주의자'란 60년대 프랑스에서 스탈린주의를 추종하는 권위주의적 공산당과 집권 시기에 알제리 민족해방전쟁(1954~1962)에 군대를 증파한 사회당 등의 기성 좌파 정당들과 이들 정당과 연계된 학생 정치조직을 비판하면서, 보다 급진적인 좌파임을 내세웠던 마르크스-레닌주의자, 트로츠키주의자, 마오쩌둥주의자, 체 게바라와 호치민 등 제3세계 혁명가들을 옹호하던 이들 및 문화적·예술적 좌파 활동가들을 말한다.

다양한 좌파주의 전위 집단들 가운데 현대 자본주의 사회의 소외된 삶을 극복하기 위해서 축제와 같은 저항을 촉구한 조직은 기 드보르(Guy Debord, 1931~1994)가 주도한 '상황주의자 인터내셔널'이다. 그리고 이 조직과 스트라스부르대학 총학생회 간부들이 함께 제작, 인쇄해 1966년 11월에 배포한 소책자《비참한 대학 생활》[7]이 야기한 '스트라스부르 스캔들'이 상황주의자 인터내셔널의 사상이 학생들 사이에서 확산된 계기였다.

상황주의자들은 현대 자본주의의 상품 물신성이 일상의 모든 영역을 스펙터클로 환원해 노동과 삶을 소외시킨다며, 소외의 극복을 위한 일상의 혁명을 추구했다. 그들의 사상은 조직 명칭과 동일한 제호로 1958년부터 69년까지 총 12호가 발간된 기관지를 통해서,[8] 그리고 특히 조직을 이끈 드보르가 1967에 출판한《스펙터클의 사회》[9]를 통해서 세상에 널리 알려졌다.

상황주의자 인터내셔널은 많은 연구자들의 관심을 끌었다. 프랑스어권과 영어권 학계 여러 분야에서 이 조직을 다룬 다수의 학위 논문과 연구서 및 연구 논문들이 나왔다. 주로 조직의 결성 배경부터 해체까지의 역사를 살펴보면서 상황주의자의 사상과 실천의 변화, 드보르의 생애와 사상, 상황주의자의 주요 관심사였던 예술의 초월이나 통합적 도시계획을 살펴본 연구들이다.[10] 드보르의 이론에 관한 미학과 철학 연구를 제외하고 상황주의자 인터내셔널 자체에 대한 국내 연구로는 상황주의자 인터내셔널의 정치적 급진성을 분석한 정치학 논문, 예술과 사회혁명의 결합을 강조한 역사학 논문이 있다.[11]

프랑스 68운동과 상황주의자 인터내셔널의 관계는 대부분의 68 관련 연구에서 언급된다. 상황주의자들이 68

년의 유인물, 슬로건, 포스터 등에서 표출된 다양한 주장
들 일부에만 영향을 미쳤다고 보는 이들이 있는가 하면,
68운동 자체에 상당한 영향력을 행사했다고 보는 이들도
있다. 이런 견해 차이는 있으나 68운동에 상황주의자들
이 영향을 미쳤다는 사실은 역사학자들에게 일반적으로
받아들여진다. 역사학자들이 가치를 인정하는 사료들에
서 상황주의자 인터내셔널과 68운동의 연관성을 강조한
내용들이 발견되기 때문이다. 이에 관한 대표적 사료로는
1969년 9월에 발간된 상황주의자 인터내셔널의 마지막
기관지에 실린 68운동에 대한 평가,[12] 초기 68운동을 주
도한 '앙라제Enragés'들과 상황주의자 인터내셔널의 관련
을 언급한 상황주의자 르네 비에네(René Viénet, 1944~)가
68년에 쓴 소책자[13]가 있다.

　'앙라제'는 '격노한 이들'이란 뜻으로 프랑스 대혁명
기에 '붉은 사제'라고 불렸던 선서파 사제이자 혁명가 자
크 루(Jacques Roux, 1752~1794)와 그를 따르던 산악파 내
부의 급진 좌파를 가리키는 용어였다. 이들은 시민적·정
치적 평등뿐 아니라 사회적·경제적 평등을 요구했고, 최
초의 공산주의자로 평가받는 혁명가 바뵈프(François-Noël
Babeuf, 1760~1797)에게 영향을 주었다.[14] 앙라제는 1968년

봄에 '3월 22일 운동'에 참여한 학생운동 활동가들을 지칭하는 용어로 재등장하게 된다.

혁명적공산주의청년단Jeunesse communiste révolutionnaire (JCR) 소속 학생들을 비롯한 학생 정치조직 활동가들이 1968년 3월 20일 파리 시내에서 베트남전쟁에 반대하는 시위를 벌이다 아메리칸 익스프레스 지점을 공격했고 시위대 일부가 경찰에 체포되었다. 체포된 학생들 가운데 낭테르대학 학생이 포함된 것이 알려지자, 3월 22일 낭테르대학 학생총회에서 체포 학생 석방 요구를 결의했고, 학생운동 활동가들은 대학본부를 점거했다. 프랑스 68운동을 상징하는 인물인 다니엘 콩방디(Daniel Cohn-Bendit, 1945~)를 비롯해 점거를 주도한 학생들이 결성한 '3월 22일 운동'이란 조직은 68운동 초기에 핵심 역할을 했다.[15]

상황주의자 인터내셔널과 68운동의 관련성을 주장하는 대표적인 학자는 파스칼 뒤몽티에Pascal Dumontier이다. 그는 초기의 예술 비판에서 정치 비판으로 나아간 1960년대 중반 이후 상황주의자 인터내셔널의 사상과 실천이 68운동에 많은 영향력을 미쳤다고 분석한다. 그런데 뒤몽티에의 연구서는《비참한 대학 생활》이 출간되고 스트라스부르 스캔들이 발생한 1966년부터 상황주의자 인터내셔

널이 해체된 1972년까지를 다루면서 1966년에주목하고
는 있지만, 아쉽게도《비참한 대학 생활》의 내용에 대해서
는 별다른 분석을 하지 않는다.[16]

캐나다의 신진 연구자가 1966년 가을부터 68년 봄까
지의 상황주의자 인터내셔널의 활동이 프랑스 68운동을
암시한다고 분석한 논문도 있다.[17] 하지만 이 논문 역시
《비참한 대학 생활》의 핵심 주장과 의미에 대해서는 깊이
있는 분석을 하고 있지 않다. 이 논문은 그저 1966년 스트
라스부르 스캔들을 간략히 언급하고 나서《비참한 대학
생활》의 내용을 분석하는 대신 1967년 같은 해에 출판된
드보르의《스펙터클 사회》와 상황주의주의자인 벨기에
철학자 라울 바네겜(Raoul Vaneigem, 1934~)의 소책자《청
춘을 위한 삶의 지침》[18]의 내용 및 68년의 상황들을 분석
하는 데 집중할 뿐이다.

따라서《비참한 대학 생활》을 꼼꼼히 독해하며 해당
내용을 정치하게 분석하는 것은, 그동안 68운동 관련 논
저들에서 대부분 언급만 하고 자세히 다루지 않았던 것을
새롭게 주목하고 살펴본다는 의미가 있다. 이는 소규모 전
위 집단에 불과했던 상황주의자 인터내셔널이 1960년대
중반에 어떻게 저항하는 청춘들에게 영향력을 확대해나

갈 수 있었는지, 68운동 당시 뛰어난 상상력으로 기존 질
서를 비판한 참신한 슬로건들 속에 상황주의자들의 주장
이 대거 등장한 이유는 무엇인지 등의 궁금증을 해소하는
데 도움이 될 것이다.

이를 위해 먼저 상황주의자 인터내셔널의 핵심 사상
을 살펴본 후, 1966년에 출간된《비참한 대학 생활》에 담
긴 대학 생활 비판과 총체적 사회 비판의 내용을 세밀하
게 분석할 것이다. 그리고 마지막으로 '스트라스부르 스캔
들'의 과정과 결과를 고찰하면서, 프랑스 68운동에 영향을
준《비참한 대학 생활》에 역사적 의미를 부여하고 이를 평
가하고자 한다.

상황주의자 인터내셔널의 사상적 특성

제2차 세계대전이 끝난 후 유럽에서는 다양한 전위예
술 집단이 활동했다. 이들은 앙드레 브르통(André Breton,
1896~1966)이 1924년에 〈초현실주의 선언〉을 발표한 전
후부터 제2차 세계대전 발발에 이르기까지 국제적으로
왕성하게 활동했던 초현실주의자들의 뒤를 잇고자 했다.

이 가운데 상황주의자 인터내셔널 결성에 관련된 조직으로는 먼저 루마니아 시인이자 영화감독인 이시도르 이수(Isidore Isou, 1925~2007)가 1945년 파리에 정착해 결성한 '문자주의Lettrisme' 집단이 있다. 이들은 의미를 배제한 문자의 물질적 요소들인 크기, 서체 등을 활용해 상징적 이미지의 차용과 병합 등을 실험했다.[19]

1951년부터 여기에 참여한 드보르는 이수가 초기의 실험정신에서 멀어지는 듯하자 집단 내 젊은 활동가들과 함께 1952년에 '문자주의자 인터내셔널Internationale Lettriste'을 조직했다. 드보르가 이수와 결별한 직접적 계기는 1952년 10월에 일어난 '채플린 소동'이었다. 찰리 채플린이 신작 영화 〈라임라이트〉 홍보 기자회견을 연 파리의 고급 호텔에 드보르를 비롯한 문자주의자 활동가들이 나타나 채플린이 상업화되었다며 〈비굴한 놈은 꺼져라〉라는 조롱 어린 비판 유인물을 배포한 소동이다.[20] 그러나 채플린의 영화 실험을 높게 평가한 이수는 소동을 비판했다. 이수가 주도한 문자주의와 결별한 문자주의자 인터내셔널은 이후에 등장할 상황주의자 인터내셔널 사상의 핵심 개념들인 '상황의 구축', '통합적 도시계획urbanisme unitaire', '전용détournement', '표류dérive' 등의 이론적 가능성을 모색

했다.

상황주의자 인터내셔널과 관련되는 다른 전위예술 집단으로는 1948년 결성되어 1951년에 해체된 '코브라 CoBrA'가 있다. 이 명칭은 활동을 주도한 덴마크인 아스거 요른(Asger Jorn, 1914~1973), 벨기에인 크리스티앙 도트르몽(Christian Dotremont, 1922~1970), 콘스탄트로 알려진 네덜란드인 니우엔하위스(Constant Anton Nieuwenhuys, 1920~2005)의 출신지 코펜하겐, 브뤼셀, 암스테르담의 약자를 결합한 것이다. 이들은 르코르뷔지에(Le Corbusier, 1887~1965)로 대변되는 근대 건축의 기능주의를 비판하며 대안적인 건축과 도시계획 실험에 관심을 보였다.[21]

내부 문제로 코브라가 해체되자 요른은 이탈리아에서 핵예술[22] 활동가들과 함께 1954년에 '이미지주의자 바우하우스 국제운동IMIB'이란 조직을 결성했고,[23] 코브라 주요 인물들도 이에 참여했다. IMIB는 제1차 세계대전 이후 독일에서 등장해 왕성하게 활동하다 히틀러의 집권으로 인해 사라진 바우하우스 운동을 비판적으로 계승했다. IMIB 구성원들은 순수미술과 공예의 통합, 일상생활에 유용한 예술이라는 바우하우스 이념을 계승하면서도, 바우하우스의 실천이 실용적 기능주의를 강조하여 미학을

기술에 종속시켰다고 비판하면서 심미적 이미지를 중시했다.[24]

상호 교류하던 문자주의자 인터내셔널과 IMIB 활동가들은 1956년 9월 이탈리아 알바Alba에서 열린 전위예술가 모임에서 예술 실험을 통한 세상의 변화 추구라는 공통의 관심사를 확인했고, 57년 7월 이탈리아 코시오디아로시아Cosio di Arroscia에서 두 조직을 통합해 상황주의자 인터내셔널을 창립한다. 드보르는 창립대회에서 "우리는 무엇보다도 세상을 변화시켜야 한다고 생각한다. 우리가 원하는 것은 우리를 가두고 있는 사회와 삶의 가장 자유로운 변화이다"라고 서두를 뗀 〈상황들의 구성과 국제적 상황주의자 집단의 조직과 행동에 관한 보고서〉를 발표한다.[25]

보고서는 먼저 이전 전위예술 운동이 예술실험에 그치고 부르주아 상품경제에 대한 정치경제학적 비판으로 나아가지 못하는 한계를 드러냈다고 지적한다. 부르주아가 처음에는 소수의 예술적 창조성에 반대하다가 나중에는 이를 착취하면서 창조성을 실용적으로 바꾸어버리고 부르주아 문화에 대한 비판을 제거하기 때문에, 상업적 논리로 문화 영역을 장악하고 통제하는 부르주아 탓에 전위

예술의 생명력이 끝난다는 것이다. 따라서 드보르는 전위 예술이 혁신적 기획을 저해하는 부르주아에게 저항해야 하며 필연적으로 정치 비판과 결합해야 한다고 주장한다.

이어 자본주의 상품 논리가 장악한 일상생활의 전복을 실천할 상황주의자 인터내셔널의 결성을 선언하며 다음과 같이 강조한다. "우리의 중심 사상은 상황들의 구축, 즉 삶의 계기에 따르는 환경을 구체적으로 구축하는 것이고, 이것을 최상의 열정적 상태로 전환시키는 데 있다. 우리는 영속적인 상호작용 속에 있는 두 가지 중요한 요소의 복합 요인들에 대한 조직화된 개입에 초점을 맞추어야만 한다. 두 중요 요소란 삶의 물질적 환경, 그리고 이 환경이 발생시키고 이 환경을 전복하게도 하는 행동들이다."[26] 구조화된 물질적 환경과 주체의 행동을 변증법적으로 결합하는 마르크스주의의 영향력이 읽히는 대목이다.

드보르는 보고서의 마지막 부분에서 상황주의자들은 노동자 정당들과 이들 내부에 존재하는 가장 급진적인 분파들과 함께 "선진 자본주의 선전 방식의 영향력을 열정적인 계획을 세워 파괴하기 위한 일관된 이데올로기적 행동을 준비해야" 한다고 주장한다. 이어 "어떤 경우에라도" 자본주의적 삶의 방식과 여기에서 기인하는 여러 욕망하는 삶이 반영된 것들을 "구체적으로 반대하자", "모든 초정치적 수단을 사용하여 부르주아 행복의 이념을 파괴하자"고 천명한다.[27]

상황주의자들은 상품 논리를 극복하지 못한 이전 전위예술 운동을 비판하면서 그 대안으로 예술과 삶 사이의 경계를 허무는 '예술의 초월dépassement de l'art'을 실현하고자 했으며, 이는 '구축된 상황'을 창출하는 것과 동일하다. 드보르는 삶이 특정 상황이나 계기적 환경의 연속이라고 파악하며, 놀이와도 같은 능동적 참여를 통한 상황의 구축을 중시했다. 상황이란 개념은 사르트르 실존주의 철학의 주요 개념 가운데 하나이다. 사르트르는 1943년에 출판된 《존재와 무》에서 "자유는 단지 상황 속에서만 존재하고, 상황은 단지 자유를 통해서만 존재한다"[28]는 유명한 말을 통해 실존적 인간의 자유, 선택, 책임, 실천 등을 강조한 바 있다.

상황주의자 인터내셔널의 기관지 창간호는 '구축된 상황'을 "통합적 환경과 사건들로 이루어진 놀이의 집단적 조직에 의해서 구체적이고 의지적으로 구축되는 삶의 계기"로, 상황주의자를 "상황들의 구축을 위한 이론적 실천적 행동과 관련되는 이들, 상황들을 구축하기 위해 노력하는 이들, 상황주의자 인터내셔널 회원들"로 정의했다. 상황의 구축을 위한 하나의 실천 방식으로 제시된 통합적 도시계획에 대해서는 "행동의 경험들과 환경의 통합적 구성에 집중하는 수단이며, 예술과 기술의 전체적인 사용에 관한 이론"으로 정의했다. 상황은 늘 새롭게 구축되어야 하기에 고착화된 이념으로서의 '상황주의situationnisme'라는 개념은 부정된다. "상황주의는 앞의 용어(상황주의자)에서 파생된 의미 없고 남발되는 개념이다. 상황주의는 존재하지 않는다. 상황주의는 존재하는 사실들을 해석하기 위한 독트린에 불과하다. 상황주의라는 개념은 명백하게 반상황주의자들에 의해 착상되었을 뿐이다."[29]

상황주의자는 근대 도시의 일상생활을 자본주의의 상품 논리에 따른 인간의 고립과 소외가 총체화되는 구체적인 환경이라고 인식하며 대안을 찾고자 노력했다. 근대 도시계획이 도시공간을 상업 지구, 주거 지구 등 기능별로 구분 설계한 탓에 일상의 소통이 부실한 한계를 극복하기 위해 도시공간을 전체적이고 통합적인 관점에서 사유하는 것이 통합적 도시계획이다. 이는 "하나의 도시계획 이념이 아니라 (기존) 도시계획에 대한 하나의 비판"이며, 현대의 "도시들 자체가 하나의 통탄할 만한 스펙터클"로

작동하는 현실에 저항하기 위한 것이었다.[30]

통합적 도시계획은 실제로 코브라와 IMIB를 거쳐 상황주의자 인터내셔널에 참여한 니우엔하위스에 의해 '뉴 바빌론'이란 프로젝트로 추진되었고, 1960년 암스테르담에서 관련 전시회가 예정되었으나 무산되었다. 이후 통합적 도시계획을 실험적으로 구현하는 일에 관한 논의는 스펙터클로 기능하는 도시계획에 대한 총체적인 이데올로기 비판으로 옮겨 갔다.[31]

총체적 비판을 위해서는 정확하고 새로운 인식이 필요한데, 자본주의 도시공간에 대한 새롭고 정확한 인식을 위해서는 '심상지리psychogéographie' 연구가 제안된다. 심상지리는 "의식적으로 정비되었거나 그렇지 않거나 개인들의 정서적 행동들에 효과를 미치는 지리적 환경의 명확한 효과들에 관한 탐구"로 정의된다.[32] 심상지리는 일상생활이 조절되고 통제되는 방식을 이해하고 이를 전복할 가능성을 탐색하는 것으로, 도시의 일상적 경험 속에서 혁명적 상황의 구축 가능성을 타진해보는 것이다.

심상지리 연구의 기본 수단은 '표류'이다. 19세기 중반 오스만의 도시계획으로 등장한 근대도시 파리의 거리를 거닐며 전통과 근대성의 교차와 변용이 일상으로 스며

드는 것을 사유하고 체험했던 산책자들, 이른바 플라뇌르 flâneur에 대한 상징주의 시인 샤를 보들레르(Charles Baudelaire, 1821~1867), 마르크스주의 문화비평가 발터 베냐민 (Walter Benjamin, 1892~1940), 초현실주의자들의 관심을 보다 확장하는 개념이다.

표류는 "도시 사회의 조건들에 연결된 실험적인 행동 방식으로 다양한 환경 속을 일시적으로 지나가는 기술이며, 좀 더 개별적으로는 이러한 체험들의 지속적인 연습 기간"을 뜻한다.[33] 즉 표류는 산책자가 우연히 마주치는 도시 경관들과 자신의 의식, 욕구, 행동이 어떤 연결고리를 맺고 있는지를 밝히는 작업이다. 표류는 근대도시의 스펙터클 효과에서 벗어나 도시 공간의 잠재성에 대한 비판적 인식을 확대하는 데 기여한다. 표류는 도시의 바쁜 일상에서 목적 없는 배회와 산책을 하며 새로운 행동방식을 사유하는 일종의 놀이이다.[34]

놀이는 스펙터클이 지배하는 일상을 전복하려는 활동인데, 새로운 놀이를 만들어내는 수단으로 중시된 것은 전용이다. 기존의 예술작품이나 생산물을 새롭게 재전유하는 것으로 다다이즘과 초현실주의 등 이전 전위예술 운동에서도 강조되었다. 마르셀 뒤샹(Marcel Duchamp,

1887~1968)이 공산품 소변기에 '샘'이라고 쓰고는 전시회에 출품한 일이나 모나리자 얼굴에 수염을 그려 넣는 일 등을 예로 들 수 있다.

상황주의자들은 기존 생산물의 맥락과 목적, 의미를 파괴하고 전환하는 전용이 지닌 전복적 힘을 활용해 일상생활의 혁명을 추구한다. 드보르는 상황주의자 인터내셔널 창립대회에서 발표한 보고서에서 "본질적으로 새로운 놀이의 발명"과 "시적 주제들과 대상들의 놀이를 조직"할 필요성을 언급하는데,[35] 이는 스펙터클이 지배하는 무미건조한 일상의 전복 가능성을 싹틔우기 위해서다.

상황주의자 사상 자체가 이미 언급한 마르크스, 사르트르, 초현실주의자 등 다양한 사상가들의 지적 생산물을 전용함으로써 구성되었다. 일상의 전복 추구 역시 1947년에 출판된 앙리 르페브르(Henri Lefebvre, 1901~1991)의《일상생활 비판》을 전용한 것이다. 르페브르는 마르크스의 노동의 소외 개념과, 일상에 숨겨진 새로운 경이로움을 재발견하고자 했던 초현실주의자들의 일상생활 개념을 현대 자본주의의 일상생활 분석으로 확장한다.

르페브르는 반복되는 일상이 노동자의 혁명적 계급의식을 탈색시키고 이들을 체제 순응적인 소비자로 머물게

하려는 소비자본주의의 계획과 통제의 대상이라고 파악한다. 반면 일상생활은 자본주의의 지배 질서를 관찰하는 공간이면서 동시에 이를 전복시킬 잠재력이 녹아 있는 공간으로 간주한다. 또한 일상생활이 정지하는 순간이자, 일상생활에 축적되어 녹아 있던 잠재력이 분출하는 순간인 축제의 중요성을 강조한다.[36] 드보르는 자본주의 스펙터클이 '일상생활을 식민화'[37]하고 있으며 이를 급진적으로 변혁시킬 힘은 일상생활에 대한 총체적 비판과 이를 전복할 놀이와 같은 실천이라고 주장한다.[38]

상황주의자 인터내셔널의 활동은 1969년에 발행된 기관지 12호에서 드보르가 68년 5월 이전 시기를 두 시기로 나눈 것에 기초하여[39] 세 시기로 구분된다. 제1시기는 조직이 결성된 1957년부터 1961년까지로 예술의 초월에 활동이 집중되었다. 다양한 예술 현장에 개입하여 소동을 일으키며 상품 논리에 순응하는 예술가나 비평가들을 비판했다. 제2시기는 1962년부터 1968년 4월까지로 급진적 정치활동을 중시하며 사상을 정교하게 가다듬는 시기이다. 1961년 상황주의자 인터내셔널 제5차 총회에서 전위예술 창작에 초점을 두는 '예술가 그룹'이 축출된 이후 '이론가 그룹'이 조직을 주도하면서 보다 포괄적이고 급진적인 사회비판을 위한 이론적 작업에 몰두했다. 제3시기는 1968년 5월부터 조직이 해체된 1972년까지이다. 1968년 5월에 혁명적 상황들이 구축됨으로써 상황주의자들의 사상이 실제로 구현되는 듯했으나, 축제와 같은 저항이 궁극의 목표로 삼은 스펙터클 사회의 총체적 전복에는 실패하자 내부 갈등을 겪으며 조직이 해체된다.

제1시기에서 제2시기로의 변화는 조직 결성 때부터 암시된 것이었다. 인터내셔널을 상황주의자를 꾸미는 형용사로 사용하는 것이 아니라 명사로 사용하여 이를 상황주의자라는 형용사로 꾸미고 있는 조직 명칭은, 자본주의 사회를 해체하려는 노동자들의 국제적 혁명운동이었던 인터내셔널을 계승하겠다는 의도를 담고 있다.

상황주의자 인터내셔널 창립부터 총체적 혁명운동을 고민하고 있었던 드보르는 반스탈린주의적 마르크스주의, 트로츠키주의 지식인 모임인 '사회주의냐 야만이냐'에 1959년부터 1961년까지 참여한다. 이 모임은 1948년에 마르크스주의 사회철학자들인 코르넬리우스 카스토리아디스(Cornelius Castoriadis, 1922~1997)와 클로드 르포르(Claude Lefort, 1924~2010)의 주도로 결성되어 1949년부터 모임 명칭과 동일한 기관지를 발행했다.[40] 이 모임은 "개인적·집합적 수준에서 자율성이 급격한 사회변화의 열쇠"임을 강조하며 노동자평의회를 중시했다. 드보르는 이 그룹을 통해 관료주의를 극복할 노동자평의회의 중요성에 대한 인식을 심화했다. 하지만 일상을 통제하는 현대 자본주의의 스펙터클을 파괴할 새로운 혁명운동을 추구하던 드보르에게 이 조직은 지나치게 전통적이고 구식이었다.[41]

상황주의자 인터내셔널의 제2시기에 상황주의자들의 사상은 보다 정교해진다. 1967년에 출판된 드보르의《스펙터클 사회》는 기관지를 통해 꾸준히 제기해온 자본주의 스펙터클에 대한 비판의 종합이었다. 스펙터클은 단순한 "이미지들의 집합이 아니라, 이미지들에 의해 매개된, 사람들 간의 사회적 관계"이고, 상품이 인간의 "사회적 삶을 총체적으로 점령하기에 이른 계기"이다.[42] 자본주의 스펙터클이 삶 전체를 지배하기에 일상은 지루하고 소외는 극대화된다. 상황주의자들은 스펙터클 사회의 탈출구로 일상을 뒤흔들어놓을 전복적 상황의 구축을 제시한다. 일상을 뒤흔든 상황들은 68년 5월에 구축되었으며, 이를 미리 알리는 상황 하나가 1966년 스트라스부르에서《비참한 대학 생활》을 통해 구축되었다.

20세기 프랑스 학생운동은 1907년에 결성된 전국적
학생운동 조직체인 프랑스전국대학생연합UNEF을 통해
전개된다.[43] 파리에서는 각 단과대 학생회가, 대학이 하
나인 지방 도시의 경우는 해당 대학 총학생회가 UNEF의
하부 단위이다. UNEF는 알제리 민족해방전쟁 기간에 탈
식민화를 옹호하는 정치활동을 펼쳤지만, 주된 관심사는
1960년대 내내 학생 복지 문제와 대학 민주화였다.[44] 좌파
주의 학생운동 활동가들은 조합주의적 학생운동을 정치
운동 영역으로 확장하기 위해 UNEF 하부 단위들에서 활
동하면서 동시에 학생 정치조직에 가담하고 있었다.

대표적인 학생 정치조직으로는 1956년에 결성된 공
산주의학생연합UEC이 있었고, 사회당SFIO과 사회당의 우
경화에 반대한 이들이 1960년에 창당한 연합사회당PSU에
도 학생 조직들이 존재했다. 한편 프랑스공산당의 권위주
의와 스탈린주의에 반발한 트로츠키주의 학생들은 1966
년 혁명적공산주의청년단JCR을 결성했고, 같은 해 마오쩌
둥주의 학생들은 정통 마크르스주의 철학자 루이 알튀세
(Louis Althusser, 1918~1990)와 함께 마르크스-레닌주의 공

산주의청년연합UJCml을 결성해 활동했다. 그리고 상황주의자 인터내셔널을 지지하는 일부 학생들이 존재했다.[45]

상황주의자들의 사상은 1960년대 중반에 서서히 학생운동 활동가들에게 스며들었다. 1966년 5월 스트라스부르대학 총학생회AFGES[46] 선거에서 상황주의자 인터내셔널의 영향을 받은 이들이 승리한 것이 이를 증명한다. 선거에서 승리한 이들은 학생들의 사회의식 고양을 도와줄 소책자를 제작해 배포할 계획을 세웠다. 하지만 대학과 사회 현실에 대한 명확한 비판과 전망을 세우는 데 일정한 한계에 부딪혔고 이를 해소하기 위해 상황주의자 인터내셔널에 도움을 요청한다. 1966년 여름 내내 상황주의자 인터내셔널의 회원 몇 명과 AFGES 간부들이 대학과 자본주의 사회에 대한 토론을 진행했고 그 결과로 탄생한 소책자가《비참한 대학 생활》이다.[47]

1966년 가을에 배포된 소책자의 최초 판본은 파란색 표지에 저자는 UNEF와 AFGES로 제목 위에 적혀 있고, 제목 아래에는 1963년부터 1967년까지 UNEF 소식지였던《21세에서 27세까지 : 프랑스 대학생들21~27 Etudiants de France》16호의 특별 추가본이라고 표시되어 있다. 제작 부수는 1만 부였다. 1967년 봄에 상황주의자 인터내셔널이 기관지 특별호로 인쇄한 판본에는 회색 표지에 '상황주의자 인터내셔널 회원들과 스트라스부르대학 학생들'이 저자로 명시되어 있다. 또한 판본의 언급 없이 누구든 자유롭게 재생산, 번역, 개작할 수 있다고 되어 있으며 2만 부가 인쇄되었다.

이 소책자를 실제 집필한 이는 상황주의자 인터내셔널 회원이었던 무스타파 카야티Mustapha Khayati다. 카야티는 튀니지 출신 프랑스인으로 1964년에 상황주의자 인터내셔널 회원이 되었다가 1969년에 팔레스타인 해방 운동에 참여하기 위해 탈퇴한다. 상황주의자 인터내셔널 관련 사료들, 예를 들어 스트라스부르 스캔들 1년 뒤인 1967년 상황주의자 인터내셔널 기관지에 실린 스캔들 관련 글은 이 소책자의 집필자로 카야티를 언급한다. 상황주의자 인터내셔널 회원인 비에네 역시 68년에 펴낸 다른 소책자에서 카야티가《비참한 대학 생활》의 집필자라고 말한다.[48]

《비참한 대학 생활》의 첫 장은 프랑스에서 대학생이 "성직자와 경찰 다음으로 가장 널리 멸시받는 존재"라는 도발적인 비판으로 시작하면서 대학생의 비참한 처지를 고찰한다. 전후의 고도 호황을 낳은 소비 자본주의의 "물신주의적 스펙터클화는 보편화된 수동성이라는 틀 속에서만 모두에게 저마다의 역할을 부여"하고 "대학생도 이 법칙에서 예외가 아니다". 그런데 대학생은 자본주의 상품 논리를 제대로 이해하지도 비판하지도 못하고 있다. 그가 학생 신분이라는 현재와 졸업 후라는 미래 사이에서 "무책임하고 온순한 '연장된 미성년' 시기"에 머물러 있기 때문이다.

대학생은 경제적으로 궁핍하다. 그런데 상황주의자들은 사회 전반의 이해관계의 결핍에도 불구하고 오직 자신의 "개인적 결핍에만 관심을 가져주기를 원하면서 모든 종류의 비참함을 대학생이 묵인"하고 있다고 비판한다. 자본주의 사회의 소외는 대학생에게서 가장 명확하게 드러나는데, 자본주의의 억압으로 인한 사회의 총체적 비참함에는 눈을 감고 자신만이 힘들다고 여기는 것이 어린 아이의 투정과 다를 바 없다는 것이다. 이들이 보기에 자본주의는 대학생 대부분을 단순한 '하급 관리자'가 되도록 만들며, 현재의 "비참함을 보상해줄" 것 같은 이 미래 역시 결국 자본주의 체제를 떠받치는 기둥들 가운데 하나에 불과하다는 "예상 가능한 비참한 특성"을 지닌다. 따라서 대학생은 "허망한 특권의식으로 현재를 치장"하려 든다.

그런데 대학생이 학문에 대한 열정으로 현재를 치장

하려 해도 대학은 과거에 비해 수준이 낮아졌고 "제도화된 무지의 기구로 전락"해버렸다. 대학 교육과 사회를 지배하는 경제체제가 "교양이 결여되고 사고할 능력을 상실한 대학생들의 대량생산을 요구하기" 때문이다. 상황주의자들의 눈에 소위 '대학의 위기'는 "보다 일반적인 현대 자본주의 위기의 구체적 사례"에 불과하며, 단지 "생산에 필요한 이 전문 영역을 생산도구의 전체적인 변화에 조응시키기 위해서 뒤늦게 조정하는 것이 어렵다는 것을" 보여주는 증거이다. 전후 포드주의적 대량생산 대량소비에 기초한 소비 자본주의의 빠른 성장을 대학이 쫓아가지 못한다는 기술 관료들과 기업가들의 인식, 즉 대학이 현대 자본주의 사회의 수요에 부응하는 인재를 배출하지 못한다는 지배계급의 인식이 대학 위기 담론의 실체이다.

그래서 소책자는 대학에 대해 "현대 자본주의의 필요에 적응"하도록 요구하며 대학의 구조 개혁과 더불어 "대학의 사회경제적 삶으로의 재진입"을 주장하는 UNEF 내부의 근대주의자들과 좌파 근대주의자들이 매우 위험하다고 진단한다. 또한 대학들이 자본주의 중간간부나 하급간부를 "속성으로 키워내는 공장으로 변화"한 현실에 반대하지 않는, "상대적으로 자율적"인 대학을 "상업적 시스템의 요구에 직접 종속시키는" 과정에 반대하지 않는 당대의 자칭 진보주의자 지식인을 비판한다.

전후 '영광의 30년'으로 표현되는 프랑스 경제의 고도성장 시기에 경제계는 사회경제적 수요에 부응하는 교육 개혁을 요구했다.[49] 1962년에 공교육부 장관에 임명된 크리스티앙 푸셰(Christian Fouchet, 1911~1974)는 이런 요구를 반영한 고등교육 개혁안을 마련하여 대학 개혁에 관한 사회적 논의를 촉발했다. 지식인들 가운데 교육 문제에 관심을 가지고 이 논의에 참여한 이들은 대학의 자율성을 옹호하면서도 대학의 현대화에는 찬성했다.[50]《비참한 대학 생활》은 이런 흐름을 자본주의 논리의 대학 침투 자체를 문제 삼지 않고 사회 현실을 반영하는 대학의 구조조정이 야기하는 고통에만 항의하는 것이라며 비판한다.

소책자는 비참한 대학 생활을 개인적인 보헤미안적 생활양식으로 여기는 일부 학생들도 비판한다. 또한 대학 내에 도입된 심리상담소라는 "유사경찰의 통제에 자발적으로 의존하는" 학생들은 어리석고 불행하다고 질타한다. 심리 상담이 학생들에게 순간적인 위안을 줄지언정 현실에 대한 분노나 저항의식을 억누르고 불가능한 장밋빛 미래를 꿈꾸게 하면서 비참한 대학 생활의 본질인 자본주의 상품 논리를 내면화한다고 보기 때문이다.

　대학 생활의 비참함을 잊게 해주는 과시적인 문화소비에도 비판의 칼을 겨눈다. 대학생들이 "문화상품이라는 중요한 아편"에서 비참한 현실의 "직접적이고 환상적인 보상을 발견"한다고 파악하기 때문이다. 상황주의자들은 제대로 읽지도 않을 책을 사고, 열정이 없는 학술 논쟁에서 즐거움을 찾으며 "스스로가 전위에 속한다고 생각"하는 대학생을 비판한다. 그리고 보헤미안적 삶의 방식으로도, 심리 상담으로도, 문화상품 소비로도 해결되지 않는 "대학생의 극단적 소외에 대한 저항은 오직 사회 전체에 대한 저항을 통해서만 가능"하다고 주장한다.

　《비참한 대학 생활》의 둘째 장은 1960년대 세계 곳곳에서 전개되던 청년 저항의 성과와 한계를 분석한다. 상황주의자들이 보기에 "부여된 삶의 방식에 대한 청년의 저항은 사실상, 갈수록 생존 자체가 불가능하다는 사실을 절감하는 모든 사람들을 아우르는 더욱 광범위한 전복의 징후 중 하나이자 다가오는 혁명 시대의 전주곡"이다. 그런데 지배 세력은 "청춘은 본질적으로 저항하는 존재"이고 모든 세대의 청춘이 저항했다고 강조하며 "진정한 역사적 운동"의 의미를 숨기려고 한다.

소책자는 세계 곳곳에서 "청춘만이 처음으로 생존을 위한 억제할 수 없는 분노를 내뱉으며, 일상적인 지겨움과 낡은 세계가 다양한 근대화 과정을 통해서 지속적으로 발산한 죽은 시간에 대항해 자발적으로 반란을 일으킨다"고 평가한다. 하지만 현실에 대한 단순한 거부를 표출하는 청춘의 저항이 소외된 삶의 방식을 부여하는 자본주의 사회에 대한 총체적 비판이 되기 위해서는 "이론적 비판의 일관성"을 갖추고 이것의 "실천적 조직에 도달"할 필요가 있음을 강조한다.

소책자는 저항하는 청춘들 가운데 이유 없는 반항아들을 맨 먼저 비판한다. 1950년대와 60년대 미국에서 등장한 비트족과 유사한 프랑스의 10대 무리인 '블루종 누아르Blousons noirs'[51]는 기성 사회질서에 "통합되는 것에 거부를 표현"하지만 "상품을 수용"한다. 오토바이, 전자기타, 가죽점퍼 등의 "소비는 이러한 저항적인 청년들의 태도를 부드럽게 만들고, 그들의 저항을 최악의 순응주의로 되돌아가게" 만든다.

네덜란드에서 등장한 '프로보Provo'[52]들은 블루종 누아르의 한계를 넘어서 "정치적 표현을 하는 최초의 조직체를 구성"했다. '도발하다'라는 동사에서 유래한 조직 명칭처럼 이들은 권위주의에 도발하는 일상적 정치 실험들을 실천했다. 프로보들은 암스테르담 시의회에 진출해 살기 좋은 도시로 만들기 위한 '하얀 계획' 정책을 추진했다. 하얀색을 칠해 눈에 띄게 하고 자물쇠로 잠그지 않은 공용 자전거를 도심에 설치한 것이 대표적이다.[53] 하지만 소책자는 프로보들이 "일상생활을 변화시키기 위해 몇 가지를 개선하는 것으로 충분하다고 생각"하며 현대 자본주의 사회에 대한 총체적 비판과 일상생활의 혁명을 추구하지 않는 한계가 있다고 판단한다.

미국에서 1964년 이래 전개되던 자유 언론 운동Free Speech Movement[54]은 대학의 위계질서에 대한 반대이자 "경제와 국가의 독재 그리고 위계질서에 기반을 둔 모든 사회 시스템에 대한 저항"이었다고 높게 평가된다. 미국의 대학생들은 "기업체들에 통합되는 것을 거부하면서" 생산 활동의 주체를 소외시키는 자본주의적 "생산 시스템에 근원적인 문제를 제기"했다. 하지만 소책자는 미국의 저항적 대학생들이 "자신들의 사회에 대한 '추상적' 반감"으로 인해 "가장 눈에 띄는" 미국의 적들인 중국이나 쿠바 같은 "사회주의적 관료주의 체제"를 "숭배하고 지지"하게 되었다고 비판한다. 또한 미국의 대학생들이 자신들만이 착취

당하고 있다고 생각하면서 자본주의 체제에서 "보편화된 억압과 상품 노예제"를 감내하는 모든 이들과 동일한 처지임을 깨닫지 못하고 있다고 지적한다.

소련과 동유럽에서는 스탈린이 사망한 1953년 이후 노동자들이 관료주의 권력에 저항했고 지식인들은 이러한 프롤레타리아의 비판을 공식화하려고 노력하고 있다고 소책자는 언급한다. 소련과 동유럽의 스탈린주의적 관료주의를 자본주의 스펙터클과 마찬가지로 노동자를 억압하는 기제로 인식하는 상황주의자들은 동유럽의 노동자, 지식인, 학생들의 관료주의에 대한 저항을 높게 평가하면서, 이들의 저항이 문제제기와 동시에 현실 사회주의 국가를 넘어서는 새로운 해결책을 제시해야 하기에 어려운 상황에 처해 있다고 아쉬워한다.

영국에서는 반핵운동[55]을 통해 조직된 저항하는 청년들이 "전망의 결핍으로 인해 전통적인 정치 분파로, 혹은 양심적인 평화주의자로 전향"하여 혁명적 운동이 쇠퇴할 수밖에 없었다고 분석한다. 소책자는 영국 청년들의 투쟁은 노동계급과의 "공동의 전망 속에서만" 승리할 수 있고, 노동당의 집권이 별다른 진보정치를 구현하지 못하고 있기에 "오직 청년과 노동계급의 동맹"만이 사회를 바꿀 수 있다고 강조한다.

　일본의 전일본학생자치회총연합에 대해서는 "서방의 자본주의와 소위 사회주의국가들의 관료주의에 대항해" 동시에 투쟁하고 있으며, 노동자와 학생의 동맹을 현실화 했다고 높게 평가한다. 하지만 관료주의적 착취, 일상생활의 소외, 자본주의 스펙터클 등에 대한 이해와 비판이 부족하다고 지적한다.

　《비참한 대학 생활》의 마지막 장은 소비자본주의와 관료주의를 극복할 일상생활의 혁명을 위한 지침과 호소를 다룬다. 소책자는 "세계의 총체적 전복 계획을 구성"하기 위해서는 먼저 혁명운동의 역사를 "총체적으로 탈신비화된 방식이자 근원적으로 비판적인 방식"으로 재검토해야 한다고 주장한다. 이 역사에서 1871년 파리코뮌은 패배가 아니라 승리로 재평가된다.[56] "프롤레타리아가 사회적 삶의 모든 측면을 '자유로운' 방식으로 운영하는 자신의 역사적인 능력을 확인"했기 때문이다. 반대로 소련을 탄생시키며 승리한 것으로 알려진 1917년 볼셰비키혁명은 패배했다는 평가를 받는다. 볼셰비키의 질서는 "구질서의 새로운 가면이자 특이한 양상"으로 비판되는데, "내부적으로 '국가 관료주의적 자본주의'라는 새로운 착취 양식"을 확립하고 발전시켰으며, "외부적으로는 볼셰비키의 모델을 수호하고 확산시키는 것을 목적으로 하는 체인점들인 소위 코민테른 지부들의 번식"을 가져왔기 때문이다.

관료주의적 노동조합과 전통적 좌파 정당도 비판의 대상이다. 노동조합들과 정당들은 "체제의 단순한 조정자"이자 "지도자들의 사유물"이 되어버렸고, 저개발 국가들에서 "반혁명적 전체주의라는 스탈린주의 모델을 재생산"한다. 스탈린이 강화한 관료주의는 "소외된 노동을 감추는 가장 웅장한 가면"에 불과하다. 따라서 소외된 노동과 삶의 해방을 추구하는 "모든 혁명적 미래 조직들은 기초에서부터 온갖 형태의 스탈린주의를 이론적·실천적 차원에서 폐기해야만 한다".

스탈린주의를 비판하는 트로츠키주의자들도 비판의 대상이다. 상황주의자 인터내셔널은 혁명에 성공한 볼셰비키가 노동자의 자율성을 억압하며 당과 국가의 통제를 강화한 1920년부터의 소련사를 '반혁명의 역사'라고 규정하는데, 여기에 트로츠키도 책임이 있다고 본다. 소책자는 "스스로를 볼셰비키 교리의 충실한 담지자"라고 주장하는 트로츠키주의자들이 '혁명지상주의' 이데올로기에 빠져 "현대세계의 문제들을 이해하지 못하는 이론적·실천적으로 동일한 무능력"을 보인다고 주장한다. 아나키스트들에 대해서는 아나키즘의 기초인 자유지상주의가 모든 것을 허용하기에 혁명운동의 정확한 방향성을 설정하지 못한 다고 비판한다.

이러한 주장들은 이 소책자의 가치를 높여준다. 스탈 린주의에 대한 신랄한 비판뿐 아니라 1960년대 프랑스공 산당의 스탈린주의, 관료주의, 권위주의에 반발한 좌파주 의 학생들이 관심을 보인 트로츠키주의와 아나키즘에 대 해서도 현대 자본주의의 특성을 제대로 이해하지 못해 현 실에 부합하지 않는 과거 혁명 이념에 불과한 것으로 비 판하기 때문이다. 과거의 그리고 당대의 혁명운동 조직들 을 모두 비판하면서도 소책자는 과거에 "혁명적 기획을 발생시켰던 조건들이 결코 어느 곳에서도 급진적으로 변 화하지 않았"기에 혁명은 급진적으로 새롭게 재창조되어 야만 하고, "미래의 혁명운동은 '상품 시스템'의 소외된 산 물들을 재생산하려는 모든 것을 자신의 내부에서 파괴"해 야 한다고 웅변한다.

소책자는 새로운 혁명운동의 수단이자 목적으로 노동 자평의회와 노동자 자주관리를 제시한다. 그런데 형식적 으로 노동자평의회의 권력을 옹호하는 것만으로는 부족하고, 본질적으로 "상품생산의 소멸 그리고 결과적인 프롤레타리아의 소멸이라는 구체적인 의미"를 제시해야 한다. "'상품 논리'가 현재 사회의 최초이자 최종적인 합리성"이며, "상품 물신화는 총체적 해방을, 삶의 자유로운 구성을 저해하는 '본질적인' 장애물"이기 때문이다. 따라서 노동자평의회의 과업은 "상품 체계의 구체적인 초월"이어야 한다. 이 초월은 노동을 자유로운 활동으로 대체하려는 것이며, 거짓 수요와 거짓 욕망을 만들어내 순응적 일상을 유지하도록 하는 스펙터클을 제거하는 활동이다. 《비참한 대학 생활》은 다음 인용문처럼 놀이와 같은 '혁명적 축제의 시작'을 호소하며 마무리된다.

세상을 변화시키고 삶을 바꾸자는 것은 프롤레타리아에게는 하나이자 동일한 떼어놓을 수 없는 지침이며, 계급으로서의 프롤레타리아의 소멸, 궁핍함이 지배적인 현재 사회의 해체, 그리고 궁극적으로 가능한 자유의 통치에 도달할 때까지 함께할 지침이다. 급진적 비판과 소외된 현실이 부과한 모든 행동들과 가치들의 자유로운 재구성이 프롤레타리아의 최대 강령이고, 삶의 모든 순간과 사건들의 구성 속에서 해방된 창조성이 승인할 수 있는 유일한 '시', 모두에 의해 쓰인 시이며 혁명적 축제의 시작이다. 프롤레타리아 혁명은 오로지 '축제'일 뿐이다. 왜냐하면 혁명이 안내할 삶 자체가 축제의 신호 아래에서 창조될 것이기 때문이다. '놀이'는 이러한 축제의 궁극적 목적이며, 승인할 수 있는 유일한 규칙들은 무의미한 시간 없이 살아가기 그리고 제한 없이 향유하기이다.

스트라스부르 스캔들

상황주의자 인터내셔널에 영향을 받았고 1966년 5월 AFGES 선거에서 선출된 학생회 활동가들은 1966년 10월 26일에 사회심리학 교수 아브라함 몰르(Abraham Moles, 1920~1992)의 새 학기 첫 강의가 시작되는 강의실에 몰려가 학생을 체제 순응적으로 만드는 일을 그만두라고 요구하며 토마토를 투척했다. 한 차례 소동으로 끝났지만 스트라스부르대학의 학생들은 찬성이건 반대건 총학생회에 관심을 기울이며 대화를 이어갔다.

몰르 교수는 정보처리를 활용한 집단심리학자로 1963년 12월에 상황주의자 인터내셔널 사무국에 연구 목적의 관심을 표명하면서 상황이란 개념이 더 정교해져야 하고, 기술이 새로운 상황을 만든다는 점을 유념하라는 훈계조의 편지를 보냈다. 현대의 기술혁신에 대한 숭배가 소비자본주의 사회에서의 인간 소외를 더욱 가속화한다고 인식하던 상황주의자 인터내셔널은 답신을 통해 그가 상황주의자들을 전혀 이해하지 못하는 '닭대가리'라고 비판한 적이 있었다.[57]

1만 부가 인쇄된 《비참한 대학 생활》은 새 학년 개강 행사가 열린 11월 22일부터 대학본부의 허가를 받지 않은 채로 단과대와 학과 학생회 자치공간들에 먼저 배포되었고, 이어서 강의실과 학생식당 곳곳에도 뿌려졌다. 대학 생활과 자본주의 사회질서에 대한 그리고 기존 혁명운동 조직들에 대한 조롱과 신랄한 비판은 곧바로 많은 이들에게 화제가 되었다.

11월 23일 AFGES는 기자회견을 열어 조합주의와 권위주의에 반대하여 UNEF를 탈퇴하는 안건을 학생총회를 통해 결정하겠다고 발표했다. 언론들은 "'상황주의자' 비트족에게 넘어간 스트라스부르대학 총학생회", "환상에 빠진 아나키스트들이 UNEF를 장악", "스트라스부르 대학생들에게서 권력을 획득한 '상황주의자 인터내셔널'",

"스트라스부르대학 총학생회를 장악한 '비트족들'" 등으로 표현하며 이를 보도했다.[58]

외부 세력이 대학생들의 자치 기구를 장악한 것처럼 언론이 호들갑을 피우자 스트라스부르 학구장學區長 모리스 바이앙(Maurice Bayen, 1902~1974)은 "정신적 문제가 있는" 것처럼 보이는 AFGES 간부들은 "스트라스부르대학 학생들의 극히 일부만을 대변할 뿐"이고, 이들의 학생회 선거 승리가 불법적일 수 있다며 학생회 선거를 조사하겠다고 11월 27일 한 언론매체와의 인터뷰에서 밝힌다.[59] 이에 대해 AFGES는 11월 29일 보도자료를 통해 총학생회 간부들 누구도 상황주의자 인터내셔널 회원이 아니라고 밝히며, 자신들은 단지 현대사회에 대한 상황주의자들의 분석과 시각들에 전적으로 동조할 뿐이라고 주장했다.[60] 학생 자치 조직의 운영은 학생들에 의해 결정되는 것이고, 선거 자체도 이미 반년 전에 치러진 것이라 학구장은 이를 조사할 권한도 능력도 없었다.

그런데 학내 보수적인 친목 동아리들과 학생조합주의를 옹호하는 단과대나 학과 학생회 활동가들이 일부 졸업생의 자문을 거쳐 AFGES 간부 다섯 명의 활동 중단을 요구하는 가처분 신청과 민사소송을 법원에 제출한다. 이들이 학생회비인 공금을 일반 학생들의 이해와 관련이 없는 《비참한 대학 생활》 제작에 사용해 학생 대표의 자격을 상실했다는 이유를 들었다.

스트라스부르 지방법원은 12월 13일 가처분 명령을 통해 12월 16일 예정되어 있던 AFGES의 UNEF 탈퇴 투표를 위한 총회 금지를 비롯해 AFGES 간부 다섯 명의 활동을 중단시켰다. 이 가처분 명령은 AFGES 간부들을 "이제 막 사춘기를 벗어난 어떠한 경험도 없는, 그릇된 방향에서 받아들인 철학적, 사회적, 정치적, 경제적 이론들로 머리가 뒤죽박죽인, 자신들의 음울한 일상의 권태로움을 어떻게 해소해야 할지도 모르는, 동료 학생들, 교수들, 신, 종교, 성직자, 정부, 세계 전체의 정치적·사회적 체계에 대해 모욕적인 기반과 부정확한 판단을 제공하는 의미 없고 오만불손하고 조롱 어린 주장들을 발산하는, 그리고 파렴치하게도 절도, 학업의 해체, 노동의 폐지, 총체적 전복, '제한 없는 향유'를 위한 결코 되돌릴 수 없는 세계 프롤레타리아 혁명을 사주"하는 이들이라고 표현했다.[61]

이 같은 법원의 판단은 대학생들을 세상물정 모르고 치기 어린 행동을 일삼는 이들로 치부하는 것이어서 많은 학생들의 공분을 샀고, 반대로 상황주의자는 유명세를 얻었다.[62] 법원에 의해 활동이 중지된 사람들 중 한 명인 AF-GES 총부학생회장 브루노 베르피오바(Bruno Vayr-Piova, 1940~2010)는 프랑스전국학생공제회MNEF[63] 스트라스부르대학 지회장을 맡고 있었다. 그는 크리스마스 방학이 끝나고 겨울학기가 시작된 1967년 1월 11일 MNEF가 관리하지만 대학 기구인 대학상담심리소를 폐쇄하여 또 다른 논란을 야기했고, 대학본부는 몇 달 뒤 그를 퇴학시켰다.[64] 대학상담심리소는《비참한 대학 생활》에서 학생들의 사회에 대한 비판과 저항의식을 억누른다며 비판을 받은 기구였다.

한편 1967년 1월 14일 파리에서 열린 UNEF 대의원 총회에서 AFGES 소속 대의원들은 조합주의와 개혁주의에 치중하는 UNEF의 해체를 논의하자고 주장했으나 공식 안건에 상정되지는 못했다. 하지만 7월 리옹에서 열린 UNEF 제56회 총회는 UNEF를 구성하는 "각 학생회가 중앙 사무국의 어떠한 지침 없이 자율적으로 운영"될 것이라고 선언한다.[65] 짧은 기간 내에《비참한 대학 생활》에서 관료주의적 조직으로 비판받은 UNEF에 대한 하부 조직들의 반대 목소리가 커져갔기 때문이다.

이러한 작은 변화가 68년 5월에 학생들이 대학을 점

거하고 억압적 경찰에 맞서 거리로 쏟아져 나온 일련의 상황들을 전국적 학생운동 조직인 UNEF가 주도하지 않은 한 가지 이유였고, 학생조합운동이나 학생 정치조직 활동가들뿐 아니라 대부분의 일반 학생들이 68년 5월에 자유롭게 자신들의 목소리를 표출하게 된 배경 중 하나가 된다.

《비참한 대학 생활》의 영향력과 역사적 의미

상황주의자 인터내셔널은 유럽 각지에 지부를 두었지만 실제로 조직을 이끈 드보르와 함께 파리에서 활동한 주요 회원들에 의해 주도되었다. 회원들 국적은 16개였고 창립 이후 해체에 이르기까지 최대 70여 명이 활동했지만, 실제로 왕성하게 활동을 주도한 이들은 15~20명 정도였다.[66] "1966년에 대다수의 학생들은 이들 상황주의자들의 존재 자체도 몰랐다."[67] 이런 상황에서 1966년에 나온 《비참한 대학 생활》과 이를 둘러싼 스트라스부르 스캔들은 상황주의자들의 선전에 "결정적으로 중요한" 계기였다.[68]

소책자는 1967년부터 런던, 뉴욕, 버클리에서 영어로 번역 출판되기 시작한 이래 여러 언어로 번역되었기에 프랑스뿐 아니라 세계 곳곳의 저항하는 청년들이 그 내용을 파악할 수 있었다. 1967년 11월 이탈리아 밀라노에서 학생들이 자유대학을 만들겠다며 대학을 점거했는데 여기에 참여했던 한 활동가는 후에 "상황주의자 인터내셔널의 입장으로부터 영향을 받았"다고 회상했다.[69]

'붉은 루디'로 불린 독일 68운동의 상징 루디 두취케 (Rudi Dutschke)는 독일사회주의학생연맹이 1968년 2월 17일과 18일 서베를린에서 주최한 제1회 국제베트남회의에서 "항의를 저항으로 바꾸어내는 직접적인 도발 행동의 전략"을 제시했다. 길혀홀타이는 두취케의 이 전략이 "부분적으로" 프랑스의 전위 집단인 상황주의자 인터내셔널에서 "빌려온 것"이었다고 분석한다.[70]

《비참한 대학 생활》은 다른 어느 곳보다도 '지루해하던' 프랑스의 학생들에게 많은 영향을 미쳤다. 68운동 연구자들이 대부분 언급하는 '프랑스는 지루해한다'는 표현은, 세계 각지에서 베트남전쟁 반대를 위한 항의와 시위가 지속되는 상황에서 프랑스에서는 상대적으로 반전 움직임이 활발하지 않은 것을 분석하는 1968년 3월 15일자 《르몽드》 기사에서 비롯되었다.[71]

프랑스는 베트남 민족해방전쟁(1945~54)에서 패배하여 인도차이나에서 철수한 이후 이 지역의 중립화를 주장했기에 드골 대통령부터 공공연히 미국이 일으킨 베트남전쟁을 비판하고 있었다.[72] 따라서 반전운동을 흑인 민권운동과 결합시킨 미국 학생들에 비해서, 자기 자신이 징집의 대상이었기에 머나먼 동남아시아 정글에 끌려가 의미 없이 죽을 수 있다는 두려움 때문에 더욱더 격렬했던 미국 학생들에 비해서 프랑스 학생들의 반전운동은 상대적으로 활발하지 않았다.

물론 프랑스의 좌파주의 학생 정치조직 활동가들은 꾸준히 베트남전쟁 반대 운동을 전개했다. 또한 1959년 쿠바혁명과 1962년 알제리 해방 이후 이들 나라에서 진행되던 반식민주의 및 새로운 사회주의 노선의 추구, 1966년에 시작된 중국 문화혁명의 추이에 많은 애정과 관심을 표출하고 있었다. 하지만 1960년대 중반 프랑스 일반 대학생들의 관심사는 베이비붐 세대의 대학 진학으로 갑자기 늘어난 학생 수를 감당하지 못하는 대학의 물리적 환경 개선에, 그리고 지나치게 엄격하고 통제에 치중하던 기숙사 규정 개정 같은 권위주의 반대에 모아졌다.

파리대학 인문대학생회 같은 UNEF 하부의 급진적

조직은 앞에서 언급한 바 있는 푸셰의 대학 개혁안이 "자유주의적 대학을 산업 수요와 자본주의 체제의 발전에 적합한 기술관료적 대학으로 변모시키는 것을 목적으로"[73] 한다고 비판했지만, 이공대나 경영대 학생들은 프랑스 대학의 현대화를 환영하는 분위기였다.

이런 분위기에서 학생 정치조직 활동에 적극적이던 전통 좌파 혹은 새로운 좌파주의 학생들은 일반 학생들에게 별다른 영향력을 미치지 못하고 있었다. 그런데 68년 5월의 저항들은 대다수 학생들의 열띤 호응과 참여 속에서 놀이처럼, 축제처럼 자유롭게 이루어졌다. 이 축제는 서서히 준비되었으며 1966년 가을에 세상에 나온 《비참한 대학 생활》은 여기에 상당한 영향을 미쳤다.

프랑스 68운동은 일상의 전복을 위한 다양한 욕망을 자유롭게 표출했고, 우파 드골 정부의 권위주의에 반대했을 뿐만 아니라 권위적이고 위계적이던 전통적 좌파 정당들에도 신랄한 비판과 조롱을 퍼부었다. 또한 소비자본주의 사회에서의 노동의 소외와 이로 인한 일상의 지겨움을 극복하려는 새로운 정치적·사회적·문화적 상상과 기획들을 실현하고자 했다.

이러한 새로운 사회적 상상력과 축제와도 같았던 저

항의 모습은 많은 이들에게 갑자기 발생한 것처럼 보였다. 그런데 68년 5월에 봇물처럼 쏟아져 나온 반권위주의, 반관료주의, 소외의 극복, 지겨움의 탈피, 놀이를 통한 전복, 자주관리, 노동자평의회 등의 주의 주장들은 기존의 다양한 비판이론, 전위예술 실험, 역사적 경험 등을 현대사회에 대한 총체적 비판을 위해 전용하면서 새롭게 재구성한, 상황주의자 인터내셔널이 제시한 새로운 혁명운동의 지침들과 매우 유사하다.

1966년까지 대부분의 학생들이 존재조차 알지 못하는 소규모 전위조직이었던 상황주의자 인터내셔널은 자신들의 사상에 영향을 받은 스트라스부르대학 학생운동 활동가들과 함께 펴낸 소책자《비참한 대학 생활》을 통해 자신들의 주장을 널리 확산시켰다. 이 소책자는 학생들의 기존 사회질서에 대한 불만의 근원을 날카롭게 분석하고, 대학 생활의 비참한 현실과 이의 근원인 소비자본주의를 극복할 일상의 축제와 같은 전복이라는 새로운 혁명의 방향을 제시했다.《비참한 대학 생활》은 프랑스 68운동이 지닌 여러 특성들 가운데 하나인 자율적 참여와 놀이와 같은 저항, 즉 축제성을 만들어낸 여러 요인들 가운데 하나였다.

역사적 전환기에는 진행 중인 역사적 흐름의 의미를 일깨우며 많은 이들을 역사적 실천에 나서게 만든, 강력한 펜의 힘을 보여준 소책자들이 존재했다. 토머스 페인(Thomas Paine, 1737~1809)의《상식Common Sense》이 미국혁명을, 시에예스(Sieyès, 1748~1836)의《제3신분이란 무엇인가Qu'est-ce que le Tiers-État?》가 프랑스혁명을 가속화한 동인 가운데 하나로 널리 인정되듯이,《비참한 대학 생활》은 프랑스 68운동의 전주곡들과 신호탄들 가운데 하나로 평가될 수 있을 것이다.

1 68운동에 대해서는 세계 각지에서 많은 연구 성과가 나왔다. 그중 68
운동 40주년을 맞아 프랑스와 영어권 학계에서 나온 대표적 연구로
이 글에서 참고·인용하는 것은 다음과 같다. Philippe Artières, Mi-
chelle Zancarini-Fournel, dir., *68 une histoire collective(1962-1981)*
(Paris : La Découverte, 2008). Martin Klimke, Joachim Schar-
loth, eds., *1968 in Europe : A History of Protest and Activism,
1956-1977*(London : Palgrave Macmillan, 2008). 이 글에서 인용
은 하지 않았으나 참고할 만한 주요 연구서로는 다음이 있다. Jean-
Pierre Le Goff, *Mai 68 : l'héritage impossible*(Paris : La Découverte,
1998) ; Michelle Zancarini-Fournel, *Le Moment 68 : une histoire
contestée*(Paris : Seuil, 2008) ; Caroline Apostolopoulos, Geneviève
Dreyfus-Armand, Irène Paillard, *Les années 68 : un monde en mouve-
ment : Nouveaux regards sur une histoire plurielle(1962-1981)*(Paris :
Syllepse, 2008).

2 Ronald Fraser, *1968 : A Student Generation in Revolt*(London :
Chatto & Windus, 1988)〔로널드 프레이저, 《1968년의 목소리 : "불
가능한 것을 요구하라"》, 안효상 옮김(박종철출판사, 2002), 275쪽〕.

3 68년 5~6월 총파업에 대해서는 다음을 참조하라. François de Mas-
sot, *La Grève Générale : mai-juin 1968*(Paris : Informations ou-

vrières, 1968 ; L'Harmattan, 2008). Bruno Astarian, *Les Gréves en France en mai-juin 1968*(Paris : Echanges et Mouvement, 2003).

4 68년의 유인물, 포스터, 낙서 관련 최근 연구나 자료집으로는 다음이 있다. Bernard Grand, *Mai-68: les tracts de la révolte*(Paris : Publibook, 2008) ; Christian Delporte, Denis Maréchal, Caroline Moine et Isabelle Veyrat-Masson, *Images et sons de Mai 68, 1968-2008*(Paris : Nouveau Monde, 2014) ; Michel Piquemal, Gilles Caron, Jo Schnapp, *Paroles de mai*(Paris : Albin Michel, 1998).

5 로널드 프레이저, 《1968년의 목소리》, 275쪽.

6 60년대 다양한 좌파주의자들의 기원에 대해서는 Richard Gombin, *Les origines du gauchisme*(Paris : Seuil, 1971)를, 68운동 당시 주요 좌파주의자 조직들에 대해서는 Philippe Artières, Michelle Zancarini-Fournel, dir., *68 une histoire collective*, 552~559쪽을 참조하라.

7 *De la misère en milieu étudiant considérée sous ses aspects économique, politique, psychologique, sexuel et notamment intellectuel et de quelques moyens pour y remédier*(Strasbourg, 1966 ; Paris : Champ Libre, 1976).

8 1958년 6월 창간호부터 1969년 9월 12호까지, 그리고 주요 자료들을 부록으로 추가한 증보판이 1997년에 자료집으로 출간되었다. *Internationale situationniste*, n. 1-12(1958~1969), Edition augmentée(Paris : Fayard, 1997).

9 Guy Debord, *La société du spectacle*(Paris : Fayard, 1967), *The Soci-*

ety of the Spectacle(Detroit : Black & Red, 1970 ; New York : Zone Books, 1994)〔기 드보르,《스펙터클의 사회》, 이경숙 옮김(현실문화연구, 1996)〕. 1970년에 첫 영어 번역본이 나왔으나 세계적으로 주목을 받은 것은 드보르가 자살한 1994년에 나온 새로운 영어 번역본이다. 한국어 번역본은 1970년에 출간된 최초 영어 번역본의 1983년 판본을 옮긴 것이다. 드보르 사후 프랑스에서는 현재까지 전8권의 서신 모음집과 1,996페이지의 전집이 출판되었다. Guy Debord, *Correspondance*, 8 vol(Paris : Arthème Fayard, 1999~2010). Guy Debord, *OEuvres*(Paris : Gallimard, 2006).

10 세계 곳곳에서 수행된 상황주의자 인터내셔널 연구 가운데 프랑스어권 학계의 주목할 만한 성과는 다음과 같다. 상황주의자 인터내셔널 역사에 대해서는 Jean-Jacques Raspaud, Jean-Pierre Voyer, *L'Internationale Situationniste : Chronologie, bibliographie, protagonistes*(Paris : Champ Libre, 1972) ; Jean-François Martos, *Histoire de l'Internationale situationniste*(Paris : Gérard Lebovici, 1989 ; Ivrea, 1995) ; Eric Brun, *Les situationnistes. Une avantgarde totale(1950-1972)*(Paris : CNRS, 2014) ; Anna Trespeuch-Berthelot, *L'Internationale situationniste : de l'histoire au mythe (1948-2013)*(Paris : PUF, 2015). 드보르의 생애와 사상에 대해서는 Christophe Bourseiller, *Vie et mort de Guy Debord : 1931-1994*(Paris : Plon, 1999) ; Vincent Kaufmann, *Guy Debord : la révolution au service de la poésie*(Paris : Fayard, 2001). 상황주의자의 예술 실천과 도시계획에 대해서는 Thomas Genty, *La cri-*

tique situationniste ou la praxis du dépassement de l'art(Paris : Zanzara athée, 1998) ; Thierry Paquot, dir., *Les Situationnistes en ville*(Gollion : Infolio, 2015).

11 이승우, 〈스펙타클 정치에 대한 도전: 상황주의자 인터내셔널(situationist international) 1957~1972〉, 서울대 대학원 정치학 석사 논문(2005) ; 이영빈, 〈기 드보르(G. Debord)의 상황주의 운동 (1952~1968)—일상생활 비판을 위한 예술과 사회혁명의 결합을 중심으로〉,《역사학 연구》, 40집(2010). 우리 학계의 정치학과 역사 학 분야에서 상황주의자 인터내셔널을 고찰한 최초의 연구라는 데 의미가 있다. 하지만 영어권 학계의 선행 연구들과 상황주의자 인터내셔널 관련 프랑스어 1차 사료의 영어 번역본을 기초로 한 연구 들로 인명, 지명, 날짜, 사료의 간접 인용 등에서 역사적 사실과 다른 일부 오기나 정확하지 않은 점들이 있어 아쉽다.

12 "Le Commencement d'une époque", *Internationale situationniste*, n. 12(septembre 1969), 3~34쪽.

13 René Viénet, *Enragés et situationnistes dans le mouvement des occupations*(Paris : Gallimard, 1968).

14 프랑스 혁명기 앙라제에 대해서는 다음을 참조하라. Jean-Marc Le Guillou, *Jacques Roux, 1752-1794 : l'annonce faite á la gauche*(Paris : Editions des écrivains, 2000) ; Claude Guillon, *Notre patience est á bout: 1792-1793, les écrits des Enragé(e)s*(Paris : Editions Imho, 2009).

15 '3월 22일 운동'에 대한 연구는 Jean-Pierre Duteuil, *Nanterre 68 :*

vers le mouvement du 22 mars(Mauléon : Acratie, 1988) 참조.

16 Pascal Dumontier, *Les Situationnistes et Mai 68 : Théorie et pratique de la révolution(1966~1972)*(Paris : Gérard Leibovici, 1990 ; Ivrea, 1995).

17 Laurence Bernier-Renaud, "Scènes situationnistes de Mai 68: Enquête sur une influence présumée", Thèse de la maîtrise d'études politiques, Université d'Ottawa(2012).

18 Raoul Vaneigem, *Traité dé savoir-vivre* à *l'usage des jeunes générations* (Paris : Gallimard, 1967). 1972년에 첫 영어 번역본이 나온 이후 여러 차례 영어로 번역되었다. *The Revolution of Everyday Life*(London : Practical Paradise Publications, 1972 ; London : Rebel Press, 1983 ; Seattle : Left Bank Books, 1994 ; Oakland : PM Press, 2012). 한국어 번역본 역시 영어 번역본 제목을 따르고 있다. 주형일 옮김,《일상생활의 혁명》(이후, 2006).

19 Cf., Guillaume Robin, *Lettrisme : le bouleversement des arts*(Paris : Hermann, 2010).

20 이 유인물은 문자주의자 인터내셔널 기관지 창간호에 실려 있다. "Finis les pieds plats", *Internationale lettriste*, n. 1(1952). 이수에 비판적인 문자주의자들이 52년 4월에 발행한《이온Ion》을 계승하여 52년 12월에 1호가 발간된《문자주의 인터내셔널》은 54년 6월 4호까지 발행되었고, 54년 6월부터 57년 11월까지는《포틀래치Pot-latch》라는 제호로 29호까지 발행되었다. 포틀래치는 전호 묶음으로 재출간되었고(Paris : Champ Libre, 1985), 문고판(Paris : Folio,

Gallimard, 1996)으로 재출간되었다.

21 Cf., Willemijn Stokvis, *CoBrA : la conquête de la spontanéité*(Paris : Gallimard, 2001).

22 핵예술Nuclear Art이란 1945년 핵무기가 최초로 사용된 이후 핵의 위험성을 경고하며 서유럽 각지에서 등장했던 회화의 한 흐름이다.

23 IMIB는 International Movement for an Imaginist Bauhaus의 약자이다.

24 Stewart Home, *The Assault on Culture : Utopian currents from Lettrisme to Class war*(Edinburgh : AK Press, 1991), 22~25쪽.

25 Guy Debord, "Rapport sur la construction des situations et sur les conditions de l'organisation et de l'action de la tendance situationniste internationale", *Internationale situationniste*, Edition augmentée, 689쪽.

26 Guy Debord, "Rapport sur la construction des situations et sur les conditions de l'organisation et de l'action de la tendance situationniste internationale", *Internationale situationniste*, Edition augmentée, 697쪽.

27 Guy Debord, "Rapport sur la construction des situations et sur les conditions de l'organisation et de l'action de la tendance situationniste internationale", *Internationale situationniste*, Edition augmentée, 701쪽.

28 Jean Paul Sartre, *L'être et le néant: essai d'ontologie phénoménologique*(Paris : Gallimard, 1943), 541쪽.

29 "Définitions", *Internationale situationniste*, n. 1(juin 1958), 13쪽.

30 "L'Urbanisme unitaire á la fin des années 50", *Internationale situationniste*, n. 3(décembre 1959), 12~13쪽.

31 "Critique de l'urbanisme", *Internationale Situationniste*, n. 6(août 1961), 5~11쪽.

32 "Définitions", *Internationale situationniste*, n. 1(juin 1958), 13쪽.

33 "Définitions", *Internationale situationniste*, n. 1(juin 1958), 13쪽.

34 Abdelhafid Khatib, "Essai de description psychogéographique des Halles", *Internationale situationniste*, n. 2(décembre 1958), 13~17 쪽 ; Debord, "Théorie de la dérive", *Internationale situationniste*, n. 2(décembre 1958), 19~23쪽.

35 Guy Debord, "Rapport sur la construction des situations", 698~ 699쪽.

36 Cf., Henri Lefebvre, *Critique de la vie quotidienne*(Paris : Grasset, 1947) ; *Critique de la vie quotidienne II, Fondements d'une sociologie de la quotidiennet?*(Paris : L'Arche, 1961).

37 위르겐 하버마스(Jürgen Habermas, 1929~)의 '생활세계의 식민 화Kolonialisierung der Lebenswelt' 개념과 유사한데, 지성사 연구자인 마틴 제이는 하버마스가 드보르의 영향을 받았다고 본다. Martin Jay, *Downcast Eyes : the denigration of vision in twentieth-century French thought*(Berkeley : Califonia University Press, 1994), 431쪽.

38 Debord, "Perspectives de modifications conscientes dans la vie

quotidienne", *Internationale situationniste*, n. 6(août 1961), 20~
27쪽. 1961년에 5월에 일상생활 연구팀에서 드보르가 구두 발표한
내용의 녹취를 풀어 정리한 것이다. 르페브르는 1960년 프랑스국
립과학연구재단 산하 사회학연구소Centre d'études sociologiques
du CNRS 내에 일상생활 연구팀을 꾸렸고, 드보르는 여기에 일시
적으로 참여했다.

39 Debord, "La question de l'organisation pour l'I.S.", *Internationale
situationniste*, n. 12(septembre 1969), 112쪽.

40 Cf., Philippe Gottraux, 《*Socialisme ou Barbarie*》: *un engagement
politique et intellectuel dans la France de l'après-guerre*(Lausanne:
Payot, 1997).

41 이승우, 〈스펙타클 정치에 대한 도전〉, 39~40쪽.

42 Guy Debord, *La Société du spectacle*, I-4, II-42.

43 UNEF는 Union nationale des étudiants en France의 약자이다.
20세기 프랑스 학생운동에 대해서는 다음을 참조하라. Didier
Fischer, *L'histoire des étudiants en France de 1945* à *nos jours*(Paris:
Flammarion, 2000); Groupe d'études et de recherches sur les mou-
vements étudiants(GERME), Jean-Philippe Legois, Alain Mon-
chablon, Robi Morder, *Cent ans de mouvements étudiants*(Paris:
Syllepse, 2007).

44 민유기, 〈68년 5월 운동과 프랑스의 대학 개혁〉, 《프랑스사 연구》,
29호(2013), 198쪽.

45 Didier Fischer, *L'histoire des étudiants*, 313, 330~337쪽. UEC는

Union des étudiants communistes의 약자이고, UJCml은 Union des jeunesses communistes marxistes-léninistes의 약자이다. JCR의 원 명칭은 앞의 다른 각주에서 표시했다.

46 AFGES는 Association fédérative générale des étudiants de Strasbourg의 약자이다.

47 드보르 사후 미국 학계에서 그의 사상에 관한 관심이 높아지면서 예일대학이 드보르와 상황주의자 인터내셔널 회원들의 개인 문서들을 매입하려 하자, 프랑스 정부는 2009년에 이를 국가 유산으로 지정하는 포고령을 발표해 모두 프랑스국립도서관이 매입 소장하도록 했다. *Journal officiel de la République française*, le 12 février 2009. 현재 프랑스국립도서관 필사본실에 소장된 드보르 문서들 가운데 1966년 스트라스부르대학 학생회장 앙드레 슈네데르André Schneider, 부학생회장 브루노 베르피로바Bruno Vayr-Piova와 상황주의자들인 테오 프레Théo Frey, 장 가르노Jean Garnault의 교류에 관한 자료 등이 남아 있다. Bibliothèque nationale de France. Département des manuscrits. NAF 28511-NAF 28816. NAF 28603 Fonds Guy Debord.

48 "Nos buts et nos méthodes dans le scandale de Strasbourg", *Internationale situationniste*, n. 11(octobre 1967), 24쪽. René Viénet, *Enragés et situationnistes*, 5쪽.

49 Renaud d'Enfert, Pierre Kahn, *Le temps des réformes: Disciplines scolaires et politiques éducatives sous la Ve République. Les années 1960*(Grenoble : PUG, 2011), 21~33쪽.

50 민유기, 〈68년 5월 운동과 프랑스의 대학 개혁〉, 194~195쪽.

51 블루종 누아르에 대한 최초의 사회학적 관찰과 분석은 Emile Cop-
fermann, *La génération des Blousons Noirs : Problèmes de la jeunesse
française*(Paris : François Maspero, 1962 ; La Découverte, 2003) 참조.

52 Nicolas Pas, "Images d'une révolte ludique. Le mouvement néerlan-
dais Provo en France dans les années soixante", *Revue historique*, n.
634(2005), 343~373쪽 ; Philippe Artières, Michelle Zancarini-
Fournel, dir., *68 une histoire collective*, 106~110쪽.

53 Martin Klimke, Joachim Scharloth, eds., *1968 in Europe*, 18쪽.

54 Cf., Robert Cohen, Reginald E. Zelnik, eds., *The Free Speech Move-
ment : Reflections on Berkeley in the 1960s*(Berkeley : University of
California Press, 2002).

55 Cf., Kate Hudson, *CND Now More Than Ever : The Story of a Peace
Movement*(London : Vision Paperbacks / Satin Publications, 2005).

56 상황주의자들은 1871년 파리코뮌 정부가 72일 만에 무너졌지만,
코뮌 참여자들이 일상생활에서 역사의 주인임을 자각한 "거대한
축제"였다고 높게 평가한다. 이런 평가는 드보르가 1962년 3월 18
일, 즉 91년 전 파리코뮌이 탄생한 날에 작성한 '코뮌 테제'에서 나
타난다. 이 테제는 1963년 2월에 나온 유인물 "역사의 쓰레기들에
게"에 포함되었고, 상황주의자 인터내셔널의 기관지 마지막 호에
재수록되었다. Guy Debord, "Aux poubelles de l'histoire!", *OEu-
vres*, 623쪽. *Internationale situationniste*, n. 12(septembre 1969),
108~111쪽.

57 "Correspondance avec un cybernéticien", *Internationale Situationniste*, n. 9 (août 1964), 47쪽.

58 인용 순서대로 *Le Nouvel Alsacien*, 25 novembre 1966. *L'Aurore*, 25 novembre 1966. *Le Monde*, 26 novembre 1966. *Le Figaro*, ler décembre 1966. Pascal Dumontier, *Les Situationnistes et Mai 68*, 87~88쪽. 보수주의 우파 일간지인《르피가로》는 상황주의자 인터내셔널이 AFGES가 관리하는 학생식당, 구내매점 등의 운영을 통해 소득을 올릴 계획이라고 매도하기까지 한다.

59 Pascal Dumontier, *Les Situationnistes et Mai 68*, 90쪽.

60 "Nos buts et nos méthodes", 26쪽.

61 Ordonnance de référé rendue le 13 décembre 1966, Tribunal de Grande Instance de Strasbourg, présidé par le Juge Llabodor, *Internationale situationniste*, n. 11 (octobre 1967), 50쪽.

62 12월 21일에 발행된 한 주간지는 강의를 시작하기 전에 한 교수가 "나는 사상의 자유를 옹호합니다. 하지만 이 강의실에 상황주의자들이 있다면 나가주시기 바랍니다"라는 발언을 했다고 보도했다. *Le Nouvel Observateur*, le 21 décembre 1966. "Nos buts et nos méthodes", 30쪽.

63 MNEF는 La Mutuelle nationale des étudiants de France의 약자이다. 전후 프랑스 사회보장 체제가 마련되면서 1948년에 제정된 학생사회보장법에 의해 학생공제회로 조직되었다. MNEF 역사에 대해서는 Robi Morder, "Eléments pour une histoire politique de la mutuelle nationale des étudiants de France", *Cahiers du Germe*,

"Nos buts et nos méthodes", 27쪽.

"Nos buts et nos méthodes", 30쪽.

Jean-Jacques Raspaud, Jean-Pierre Voyer, *L'Internationale Situationniste*, 17쪽.

Didier Fischer, *L'histoire des eétudiants*, 338쪽.

Jean-François Martos, *Histoire de l'Internationale situationniste*, 205쪽.

《1968년의 목소리 : "불가능한 것을 요구하라"》, 219쪽.

Ingrid Gilcher-Holtey, *Die 68er Bewegung : Deutschland, Westeuropa, USA*(München : C. H. Beck Verlag, 2001)〔잉그리트 길혀홀타이,《68운동 : 독일·서유럽·미국》, 정대성 옮김(들녘, 2006), 16쪽〕.

Pierre Viansson-Ponté, "Quand la France s'ennuie", *Le Monde*, le 15 mars 1968.

민유기, 〈프랑스의 베트남전쟁과 한국군 베트남 파병에 대한 인식〉, 《프랑스사 연구》, 32호(2015), 113쪽.

Jean-Pierre Duteuil, *Mai 1968 : Un mouvement politique*(Mauléon : Acratie, 2008), 85쪽.

1차 사료

Bibliothèque nationale de France. Département des manuscrits. NAF 28511-NAF 28816. NAF 28603 Fonds Guy Debord.

De la misère en milieu étudiant considérée sous ses aspects économique, politique, psychologique, sexuel et notamment intellectuel et de quelques moyens pour y remédier(Strasbourg, 1966 ; Paris : Champ Libre, 1976).

Internationale situationniste, n. 1-12(1958~1969)(Edition augmentée, Paris : Fayard, 1997).

Debord, Guy, *La société du spectacle*(Paris : Fayard, 1967)〔*The Society of the Spectacle*(Detroit : Black & Red, 1970 ; New York : Zone Books, 1994)〕〔기 드보르, 《스펙터클의 사회》, 이경숙 옮김(현실문화연구, 1996)〕.

Debord, Guy, *Correspondance*, 8 vol(Paris : Arthème Fayard, 1999~2010).

Debord, Guy, *OEuvres*(Paris : Gallimard, 2006).

Vaneigem, Raoul, *Traité de savoir-vivre à l'usage des jeunes générations*(Paris : Gallimard, 1967) ; *The Revolution of Everyday*

Life(London : Practical Paradise Publications, 1972 ; London : Rebel Press, 1983 ; Seattle : Left Bank Books, 1994 ; Oakland: PM Press, 2012)〔라울 바네겜,《일상생활의 혁명》, 주형일 옮김(이후, 2006).

Viénet, René, *Enragés et situationnistes dans le mouvement des occupations*(Paris : Gallimard, 1968).

연구서와 논문

Apostolopoulos, Caroline & Dreyfus-Armand, Geneviève & Paillard, Irène, *Les années 68 : un monde en mouvement : Nouveaux regards sur une histoire plurielle(1962~1981)*(Paris : Syllepse, 2008).

Artières, Philippe & Zancarini-Fournel, Michelle, dir., *68 une histoire collective(1962~1981)*(Paris : La Découverte, 2008).

Astarian, Bruno, *Les Grèves en France en mai-juin 1968*(Paris : Echanges et Mouvement, 2003).

Bernier-Renaud, Laurence, "Scènes situationnistes de Mai 68 : Enquête sur une influence présumée", Thèse de la maîtrise d'études politiques, Université d'Ottawa(2012).

Bourseiller, Christophe, *Vie et mort de Guy Debord : 1931~1994*(Paris : Plon, 1999).

Brun, Eric, *Les situationnistes. Une avant-garde totale(1950~1972)*

(Paris : CNRS, 2014).

Cohen, Robert & Zelnik, Reginald E., eds., *The Free Speech Movement : Reflections on Berkeley in the 1960s*(Berkeley : University of California Press, 2002).

Copfermann, Emile, *La génération des Blousons Noirs : Problèmes de la jeunesse française*(Paris : François Maspero, 1962 ; La Découverte, 2003).

De Massot, François, *La Grève Générale : mai-juin 1968*(Paris : [Informations ouvrières, 1968], L'Harmattan, 2008).

Delporte, Christian & Maréchal, Denis & Moine, Caroline & Veyrat-Masson, Isabelle, *Images et sons de Mai 68, 1968~2008*(Paris : Nouveau Monde, 2014).

D'Enfert, Renaud & Kahn, Pierre, *Le temps des réformes : Disciplines scolaires et politiques éducatives sous la Ve République. Les années 1960*(Grenoble : PUG, 2011).

Dumontier, Pascal, *Les Situationnistes et Mai 68 : Théorie et pratique de la révolution(1966~1972)*(Paris, [Gérard Leibovici, 1990], Ivrea, 1995).

Duteuil, Jean-Pierre, *Nanterre 68 : vers le mouvement du 22 mars* (Mauléon : Acratie, 1988).

Duteuil, Jean-Pierre, *Mai 1968 : Un mouvement politique*(Mauléon : Acratie, 2008).

Fischer, Didier, *L'histoire des étudiants en France de 1945 à nos jours*

(Paris : Flammarion, 2000).

Fraser, Ronald, *1968 : A Student Generation in Revolt*(London : Chatto & Windus, 1988)〔로널드 프레이저, 《1968년의 목소리 : "불가능한 것을 요구하라"》, 안효상 옮김(박종철출판사, 2002)〕.

Genty, Thomas, *La critique situationniste ou la praxis du dépassement de l'art*(Paris : Zanzara athée, 1998).

Gilcher-Holtey, Ingrid, *Die 68er Bewegung : Deutschland, Westeuropa, USA*(München : C. H. Beck Verlag, 2001)〔잉그리트 길혀홀타이, 《68운동 : 독일·서유럽·미국》, 정대성 옮김(들녘, 2006)〕.

Gombin, Richard, *Les origines du gauchisme*(Paris : Seuil, 1971).

Gottraux, Philippe, 《*Socialisme ou Barbarie*》 : *un engagement politique et intellectuel dans la France de l'après-guerre*(Lausanne : Payot, 1997).

Grand, Bernard, *Mai-68 : les tracts de la révolte*(Paris : Publibook, 2008).

Groupe d'études et de recherches sur les mouvements étudiants (GERME), Legois, Jean-Philippe & Monchablon, Alain & Morder, Robi, *Cent ans de mouvements étudiants*(Paris : Syllepse, 2007).

Guillon, Claude, *Notre patience est à bout : 1792~1793, les écrits des Enragé(e)s*(Paris : Editions Imho, 2009).

Home, Stewart, *The Assault on Culture : Utopian currents from Lettrisme to Class war*(Edinburgh : AK Press, 1991).

Hudson, Kate, *CND Now More Than Ever : The Story of a Peace Movement*(London : Vision Paperbacks / Satin Publications, 2005).

Jay, Martin, *Downcast Eyes : the denigration of vision in twentieth-century French thought*(Berkeley : Califonia University Press, 1994).

Kaufmann, Vincent, *Guy Debord : la révolution au service de la poésie* (Paris : Fayard, 2001).

Klimke, Martin & Scharloth, Joachim, eds., *1968 in Europe : A History of Protest and Activism, 1956~1977*(London : Palgrave Macmillan, 2008).

Le Goff, Jean-Pierre, *Mai 68: l'héritage impossible*(Paris : La Découverte, 1998).

Le Guillou, Jean-Marc, *Jacques Roux, 1752~1794 : l'annonce faite à la gauche*(Paris : Editions des écrivains, 2000).

Lefebvre, Henri, *Critique de la vie quotidienne*(Paris: Grasset, 1947) ; *Critique de la vie quotidienne II, Fondements d'une sociologie de la quotidienneté*(Paris : L'Arche, 1961).

Martos, Jean-François, *Histoire de l'Internationale situationniste*(Paris : Gérard Lebovici, 1989 ; Ivrea, 1995).

Morder, Robi, "Eléments pour une histoire politique de la mutuelle nationale des étudiants de France", *Cahiers du Germe*, spécial no. 4(2004).

Paquot, Thierry, dir., *Les Situationnistes en ville*(Gollion : Infolio, 2015).

Pas, Nicolas, "Images d'une révolte ludique. Le mouvement néerlandais Provo en France dans les années soixante", *Revue historique*, n. 634(2005).

Piquemal, Michel & Caron, Gilles & Schnapp, Jo, *Paroles de mai*(Paris : Albin Michel, 1998).

Raspaud, Jean-Jacques & Voyer, Jean-Pierre, *L'Internationale Situationniste : Chronologie, bibliographie, protagonistes*(Paris : Champ Libre, 1972).

Robin, Guillaume, *Lettrisme : le bouleversement des arts*(Paris : Hermann, 2010).

Sartre, Jean Paul, *L'être et le néant : essai d'ontologie phénoménologique* (Paris : Gallimard, 1943).

Stokvis, Willemijn, *CoBrA : la conquête de la spontanéité*(Paris : Gallimard, 2001).

Trespeuch-Berthelot, Anna, *L'Internationale situationniste : de l'histoire au mythe(1948~2013)*(Paris : PUF, 2015).

Zancarini-Fournel, Michelle, *Le Moment 68 : une histoire contestée* (Paris : Seuil, 2008).

민유기, 〈68년 5월 운동과 프랑스의 대학 개혁〉,《프랑스사 연구》29호 (2013).

민유기, 〈프랑스의 베트남전쟁과 한국군 베트남 파병에 대한 인식〉, 《프랑스사 연구》32호(2015).

이승우, 〈스펙타클 정치에 대한 도전 : 상황주의자 인터내셔널내셔널

(situationist international) 1957~1972〉, 서울대 대학원 정치학 석사논문(2005).

이영빈, 〈기 드보르(G. Debord)의 상황주의 운동(1952~1968)―일상생활 비판을 위한 예술과 사회혁명의 결합을 중심으로〉,《역사학연구》40집(2010).

게오르크 루카치György Lukács, 1885~1971

헝가리의 마르크스주의 철학자이자 문예이론가로 계급의식이나 소외의 본질을 예리하게 분석했다. 대표 저서로《역사와 계급의식》(1923)이 있다.

《노동자의 목소리Voix ouvrière》

프랑스 트로츠키주의 그룹 내부 신문으로 시작해 1963년부터 공개 배포된 격월간 잡지로, 전통적 마르크스주의와 트로츠키주의 성향을 보였다. 1968년 6월 12일 대통령령으로 다른 극좌 성향의 소규모 신문잡지들과 함께 출간이 금지되었다.《논증》은 앞부분의 다른 역주에서 설명한 대로 관료화된 현대 자본주의에 비판적인 후기 마르크스주의 성향을 띠었다.

《논증Arguments》

1956년 소르본대학 철학 교수인 아슬로(Kostas Axelos, 1924~2010)가 창간한 마르크스주의적 정치철학 잡지이다. 아슬로는 게오르크 루카치(Georg Lukács, 1885~1971), 허버트 마르쿠제(Herbert Marcuse, 1898~1979) 등과 같이 후기마르크스주의 경향을 보였다. 철학자이자 사회학자 에드가 모랭(Edgar Morin, 1921~), 기호학자 롤랑 바르트, 문화사회학자 장 뒤비뇨(Jean Duvignaud, 1921~2007), 작가 디오니스 마스콜로(Dionys Mascolo, 1916~1997) 등이 편집위원으로 활동했고 1962년 제28호를 마지막으로 발간이 중단되었다.

데이비드 할리데이David Halliday, 1916~2010
미국의 물리학자로 공저인 대학 교재《일반 물리학》이 1960년대부터 세계 각국에 번역되었다.

레몽 피카르Raymond Picard, 1917~1975
작가이자 소르본대학의 프랑스 고전희곡 교수였다. 저서《신비평 혹은 새로운 사기Nouvelle critique ou nouvelle imposture》(1965) 등에서 신비평을 비판하며 바르트와 학문적 논쟁을 벌였다.

《렉스프레스L'Express》
1908년에 창간된 자유주의적 경제지《레제코Les Echos》의 자매 주간지로, 1953년 창간되었다. 자유주의와 중도좌파 성향을 띠었으며 공산당에 대해 매우 비판적이었다.

로제 가로디Roger Garaudy, 1913~2012
프랑스공산당의 핵심 철학자로 45~51년, 56~62년에 하원의원과 상원의원을 지냈고, 그 외의 시기에는 대학의 철학 강사로 공산당을 지지하는 학생들에게 인기가 많았다.

롤랑 바르트Roland Barthes, 1915~1980

구조주의 철학자, 기호학자, 문학비평가로 파리 사회과학고등연구원과 콜레주드프랑스 교수였다. 하나의 기표가 다양하게 해석될 수 있음을 강조하며 해석의 무한성을 주장했고, 대표 저작《신화론Mythologies》 (1957)에서는 현대 사회의 일상에서 발견되는 신화들의 숨겨진 이데올로기를 파헤쳤다.

《롭세르바퇴르L'Observateur》

1950년에 창간된 정치, 경제, 문학 중심의 좌파 성향 주간지로 원래 명칭은 L'Observateur politique, économique et littéraire였다. 1953년에 L'Observateur aujourd'hui, 1954년에 France Observateur로, 1964년 11월 19일자로《누벨 롭세르바퇴르》로 명칭이 변경되었는데, 1966년에 나온 이 소책자에서는 그냥《롭세르바퇴르》로 적고 있다.

루이 알튀세르Louis Althusser, 1918~1990

구조주의적 마르크스주의 철학자로 파리고등사범학교 교수였다. 프랑스 공산당의 핵심 이론가로 활동하며 공산당에 비판적인 사회민주주의 경향에 이론적으로 맞섰다. 대표 저작으로《마르크스를 위하여Pour Marx》(1965),《미래는 오래 지속된다L'avenir dure longtemps》(1992) 등이 있다.

마크 크라베츠Marc Kravetz, 1942~

1942년에 태어나 1961년에 생클루 고등사범학교에 입학했고 1964년

4월부터 1965년 4월까지 프랑스전국대학생연합 대표였던 스트라스부르대학 학생 베르나르 쉬레너(Bernard Schreiner, 1937~) 아래에서 총사무국장을 지내다 1965년 1월에 사임하고 1960년에 창당된 연합사회당Parti socialiste unifié(PSU) 학생 조직인 연합사회주의학생단Etudiants socialistes unifiés(ESU)에 가입했다. 이로 인해 당대인들에게 학생조합운동 활동가가 좌파 정치활동에 참여한 대표적인 사례로 인식되었다. 68운동에 적극 참여했고 이후 독립적인 분쟁 지역 전문기자로 활동하면서 주로 중동 지역을 담당했다.

베른하르트 드브리스Bernhard De Vries, 1941~
프로보 운동의 활동가로 1966년에 암스테르담 시의원 선거에서 당선되었다.

빌헬름 라이히Wilhelm Reich, 1897~1957
오스트리아의 정신분석학자이자 성 과학자로 1927년에 출판한 저서 《오르가즘의 기능Die Funktion des Orgasmus》에서 오르가즘을 통해서 억압된 성적 에너지를 해소하지 못하면 신경증이 생길 수 있다고 주장했다. 이 책은 급진적인 좌파 정치운동과 성적 자유의 옹호를 결합하려는 성정치 운동의 사상적 기원이다.

사회주의냐 야만이냐Socialisme ou barbarie
1948년에 사회철학자들인 카스토리아디스(Cornelius Castoriadis, 1922~1997)와 르포르(Claude Lefort, 1923~2010)가 주도하여 결성

한 반스탈린주의, 마르크스주의, 노동자평의회 공산주의를 지향한 그룹 명칭이자 1949년부터 이 단체가 출간한 기관지 명칭이다. 원래는 독일 사회민주당 좌파로 스파르타쿠스단을 조직해 활동하다 1918~19년 독일혁명 당시 처형된 로자 룩셈부르크(Rosa Luxemburg, 1871~1919)가 했던 말이다. '사회주의냐 야만이냐' 그룹 내부에서는 1951년 정치 프로그램에 기초한 조직화된 혁명정당 결성을 주장한 카스토리아디스와 혁명의 순간에 노동자 전위들의 자발적인 조직을 준비하자는 르포르 사이에 논쟁이 벌어져, 르포르와 그 지지자들이 탈퇴했다. 1960년부터 카스토리아디스는 관료화된 현대 자본주의의 성장에 대한 새로운 분석을 통해 전통적 마르크스주의에서 멀어지기 시작했고, 이에 1963년에 리요타르(Jean-François Lyotard, 1924~1998) 주도로 극좌 활동가들이 《노동자 권력》을 출간하며 그룹에서 탈퇴했다. '사회주의냐 야만이냐' 그룹은 1967년에 자진 해산했다.(옮긴이)

샤를 푸리에Charles Fourier, 1772~1837

프랑스의 대표적인 초기 사회주의자이다. 1808년에 출판한 저서 《네 개의 운동이론Théorie des quatre mouvements et des destinées générales》에서 기존 연구의 방법론적 실수étourderie méthodique를 언급했다. 1829년에 《산업적 사회적 신세계Le Nouveau Monde industriel et sociétaire》를 출간했고, 새로운 사회의 기초로 팔랑스테르Phalanstère라는 이상적 공동체 건설을 주장했다

아브라함 몰르Abraham Moles, 1920~1992

정보과학을 활용한 집단심리 연구자로 전후 서독, 네덜란드, 스위스의
여러 대학 연구소에서 활동하다 스트라스부르대학 교수로 임용되어 사
회심리학을 강의했다.

알랭 로브그리예Alain Robbe-Grillet, 1922~2008

1950년대에 등장한 누보로망의 이론가이자 작가로 주로 객체와 주체
의 모호한 관계를 지적했다. 누보로망은 기존 근대소설의 전형적 형식
에 반하는 실험적 소설을 의미하며, 1957년에 나온 로브그리예의 소설
《질투La Jalousie》에 대한 평론가들의 비평에서 처음으로 등장한 표현
이다.

앙리 르페브르Henri Lefebvre, 1901~1991

마르크스주의 철학자이자 도시학자로 비판철학, 일상성, 도시 문제 등
에 대한 다수의 저작을 남겼고 스트라스부르대학 교수를 거쳐 1965년
부터 파리 낭테르대학 교수로 재직했다.

야첵 쿠론Jacek Kuron, 1934~2004

폴란드 노동당의 관료주의화를 비난하고 보다 많은 노동자의 권리 옹
호를 위해 활동한 사회주의자이다. 1964년《폴란드 노동당에 보내는
공개 서한》을 발표해 감옥에 갇혔으며 석방된 이후 줄곧 민주화운동에
헌신했고, 현실 사회주의 체제가 몰락한 이후에 노동부 장관을 지냈다.

에두아르트 베른슈타인Eduard Bernstein, 1850~1932
독일 사회민주당SPD 내부에서 전개된 수정주의 논쟁의 당사자로 사회
민주주의, 수정주의적 마르크스주의 이론가이다.

《자유지상주의 세계Monde Libertaire》
1851년 나폴레옹 3세의 쿠데타에 저항하다 미국으로 망명한 프랑스 아
나키스트에 의해 창간된 잡지《자유지상주의Le Libertaire》를 기원으로
하며, 1945년에 재조직된 프랑스 아나키스트연맹의 기관지이다. 1954년
에《자유지상주의 세계》란 제호로 재출발하여 현재까지 발간되고 있다.

장뤽 고다르Jean-Luc Godard, 1930~
1950~60년대 프랑스 영화계의 혁신인 누벨바그를 주도한 영화인이다.
누벨바그는 새로운 물결이라는 뜻으로 1950년대 말부터 1960년대에
걸쳐 프랑스의 신진 영화감독들이 주제와 촬영 기술의 혁신을 추구했
던 새로운 영화운동이다. 소규모 영화 제작, 사실적 구성, 즉흥적 연출
등을 통해 전통적 영화와 차별화되는 참신성을 선보이며 세계적으로
영향력을 행사했다.

장폴 사르트르Jean Paul Sartre, 1905~1980
실존주의 철학자이자 작가로 전후 가장 영향력 있는 지식인이었다. 나
치 점령기에 레지스탕스 활동을 하며 출간한《존재와 무 L'Être et le
Néant》(1943)로 세계적 명성을 얻었다.

제랄드 앙투안Gérald Antoine, 1915~2014

문법학자, 언어철학자로 소르본대학의 프랑스어학사 교수였다. 1960년대 내내 공교육부의 주요 자문위원으로 활동했다. 68운동이 전정되고 새로 임명된 공교육부 장관 포르를 도와 1968년 11월 고등교육기본법이 제정되는 데 영향을 미쳤다.

조르주 라파사드Georges Lapassade, 1924~2008

사회심리학자로 연구를 위해 1950-60년대 학생들의 사회 진출을 둘러싼 고민과 관련한 정신분석 상담들을 많이 했다.

조르주 페렉Georges Perec, 1936~1982

실험주의 문학 작가로 1965년 데뷔작인《사물들》에서 60년대 막 대학을 졸업한 젊은이들이 사회에 진출하면서 행복해지기를 갈망하는 상황을 묘사했다. 대표작으로 1978년에 출간한《인생사용법La Vie mode d'emploi》이 있다.

카롤 모젤레프스키Karol Modzelewski, 1937~

역사학자로 바르샤바대학 교수이자 폴란드 노동당원이었으나 쿠론과 함께 쓴 당 비판 공개 서한 탓에 당에서 축출되고 감옥에 갇혔다. 민주화 운동을 이어가다 80년대 연대노조 활동에 참여했고 현실 사회주의 체제 몰락 이후 상원의원으로 활동했다.

카를 리프크네히트Karl Liebknecht, 1871~1919

독일 사회민주당 창당 주역 중 한 명인 빌헬름 리프크네히트의 아들이
며, 당내 수정주의 흐름에 강하게 반대한 사회주의자이다. 제1차 세계
대전에 반대하며 로자 룩셈부르크와 함께 스파르타쿠스단을 결성해 활
동하다가 1918년 독일혁명의 상황에서 우파에 의해 체포·처형되었다.

콘스탄트 안톤 니우엔하위스Constant Anton Nieuwenhuys, 1920~2005

네덜란드의 좌파 전위 예술가로 1948년에 코브라CoBrA라는 명칭의
전위적 예술운동 단체를 조직해 활동했다. 1951년 코브라 해체 이후
또 다른 전위예술 운동 조직에 참여했다가 1957년에 상황주의자 인터
내셔널 조직의 주요 창립 회원이 되었다. 상황주의자 인터내셔널의 통
합적 도시계획 구상에 많은 영향을 미쳤으나 조직 내부 알력으로 인해
1960년에 탈퇴했다. 이후 급진적 운동보다는 예술 활동에 주력하여 60
년대 암스테르담, 라이던 등 네덜란드 주요 도시에 각종 건축물이나 공
공미술 작품을 남겼다.(옮긴이)

클로드 레비스트로스Claude Lévi-Strauss, 1908~2009

인류학자로 사회와 문화를 이해하는 구조주의 방법을 개척하고 문화상
대주의를 발전시켰다. 대표작인《슬픈 열대》(1955) 외 다수 저작을 남
겼고 콜레주드프랑스 교수였다.

클로드 를루슈Claude Lelouch, 1937~

영화인으로 풍부한 시각적 색채의 연출로 주목받았으며 대표작으로 칸

영화제 대상을 수상한 〈남과 여Un homme et une femme〉(1966), 뮤지
컬 영화 〈사랑과 슬픔의 볼레로Les Uns et les Autres〉(1981)가 있다.

프랑수아 샤틀레François Châtelet, 1925~1985
역사철학, 정치철학자로 앙리 르페브르와 함께 1950년대 후반 공산당
에서 축출되거나 탈당한 좌파 지식인 모임을 주도했다.

프랑스전국대학생연합Union nationale des étudiants de France(UNEF)
19세기 말부터 존재하던 개별 대학의 학생회들이 1907년 릴에 모여 대
학생의 권익 옹호를 위해 창립한 전국적 학생회 조직이다. 1946년 4월
20일 그르노블에서 열린 제35차 UNEF 총회는 1906년 노동총동맹
CGT의 아미앵 헌장을 참고한 학생조합운동 헌장, 이른바 그르노블
헌장을 채택했다. 이후 60년대까지 UNEF 활동의 중심은 알제리전쟁
(1954~1962)에 반대하는 일부 정치적 활동을 제외하고는 대체로 조합
주의적 차원에서 장학금 확대 등 복지 문제와 대학 민주화에 놓여 있었다.

《플라네트Planète》
1960년에 출판된 자크 베지에(Jacques Bergier, 1912~1978)와 루이 포
웰(Louis Pauwels, 1920~1997)이 함께 지은 판타지 소설《마법사들
의 아침Le Matin des Magiciens》이 커다란 성공을 거두자 1961년에 이
책에서 다루어진 주제들을 전문으로 다루는 격월간지로 창간되었다.
1971년까지 발행되었으며 판타지 리얼리즘의 기관지 역할을 했다.

혁명적공산주의청년단Jeunesse communiste révolutionnaire(JCR)

1965년 대통령 선거에서 범좌파 후보로 출마한 프랑수아 미테랑(François Mitterrand, 1916~1996)에 대한 공산당의 지지에 항의하여 공산당에서 출당 조치된 공산주의학생동맹 소르본대학 인문대지부 구성원들이 1966년 4월에 새로 결성한 극좌 학생운동 단체이다. 트로츠키주의 성향을 지녔으며 1969년부터 1973년까지 공산주의동맹Ligue communiste(LC)으로, 이후 2009년까지는 혁명적공산주의동맹Ligue communiste révolutionnaire(LCR)으로, 이후에는 반자본주의신당Nouveau Parti anticapitaliste(NPA)으로 명칭을 바꿔가며 활동하고 있다.

《현대Les Temps Modernes》

1945년 10월 장폴 사르트르(Jean-Paul Sartre, 1905~1980)가 창간한 문학, 철학, 정치에 관한 잡지이다. 편집진으로 레몽 아롱(Raymond Aron, 1905~1983), 시몬 드 보부아르(Simone de Beauvoir, 1908~1986), 미셸 레리스(Michel Leiris, 1901~1990), 모리스 메를로퐁티(Maurice Merleau-Ponty, 1908~1961), 알베르 올리비에(Albert Ollivier, 1915~1964), 장 폴랑(Jean Paulhan, 1884~1968) 등이 활동했다. 자유주의자와 중도 좌파 지식인들이 주도했으며, 지금도 격월간으로 발행되고 있다.

비참한 대학 생활

펴낸날   초판 1쇄   2016년 11월 20일

지은이   상황주의자 인터내셔널·스트라스부르대학교 총학생회
옮긴이   민유기
펴낸이   김현태

펴낸곳   책세상
주소   서울시 종로구 경희궁길 33 내자빌딩 3층(03176)
전화   02-704-1251(영업부), 02-3273-1333(편집부)
팩스   02-719-1258
이메일   bkworld11@gmail.com
홈페이지   www.bkworld.co.kr
등록   1975. 5. 21. 제1-517호

ISBN   979-11-5931-088-1   03300

＊ 잘못된 책은 바꾸어드립니다.
＊ 책값은 뒤표지에 있습니다.

이 도서의 국립중앙도서관 출판시도서목록(CIP)은 서지정보유통지원시스템 홈페이지
(http://seoji.nl.go.kr)와 국가자료공동목록시스템(http://www.nl.go.kr/kolisnet)에서
이용하실 수 있습니다.(CIP제어번호 : CIP2016026533)